図解入門ビジネス

Shuwasystem Business Guide Book

How-nual

最新 公的年金の基本と仕組みがよ～くわかる本

受け取りも手続きもこれ1冊で安心！

社会保険労務士
貫場 恵子 著

秀和システム

トピックがわかる！ 公的年金の基本
～財政検証とは？　何を見る？～

2024(令和6)年7月3日、厚生労働省から財政検証の結果が公表されました。将来の年金制度の方向性を示す重要な報告です。

そもそも財政検証とは何ですか？

財政検証とは、**国民年金・厚生年金の財政に係る収支について、現在の状況とおおむね100年間の将来の見通しについて作成したもの**です。「年金財政の健全性を検証する定期健診」と考えてもよいでしょう。

公的年金の給付の費用や財源は、出生率や平均寿命、および経済情勢などで変動する可能性があるため、長期にわたり、**財政の健全性**を定期的にチェックする必要があるのです。そのため、政府は5年ごとに財政検証を行いその結果を公表しています。詳しくは第1章で説明しています。

財政検証は国民にとって重要なのですか？

財政検証では**「所得代替率」**という指標を用います。所得代替率とは、40年厚生年金に加入していた夫と専業主婦の妻(モデル世帯といいます)が、夫婦ともに65歳で受け取る年金額が、現役男性の平均手取り賃金の何パーセントに当たるかを示すものです。

例えば、1か月の現役男性の手取り賃金の平均が46万円、夫婦の年金額が1か月23万円とすると、所得代替率は50％になります。

2

● 所得代替率の計算式

 ÷  =

夫婦の年金額 **23万円**(／月) ／ 現役男性の手取り賃金 **46万円**(／月) ／ 所得代替率 **50%**

だいたい現役男性の手取り賃金の半額を受給できる見込みとなる

将来、自分がどのくらいの年金を受け取ることができるのか、参考になりますね！

　そうです！　現在若い人でも、将来の公的年金の受給額がわかれば安心ですよね。もし、この受給額では不安だと感じれば、老後の生活に備え、私的年金や投資などの準備をすることもできます。

　また、政府は財政検証を基にして、年金制度の制度改正を行うので、今後の年金制度の方向性を決める役割も持っています。公的年金では所得代替率が50％を上回るような制度設計が求められます。そのため、財政検証では50％を超えているか否かを確認します。

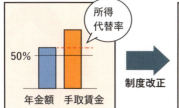

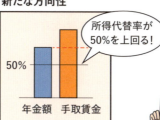

これを検証するために、5年に1回定期的にチェックします。

財政検証の実態

財政検証を読み解く！
～2024（令和6）年の現状は？～

それでは、2024（令和6）年の財政検証の結果を見ていくことにしましょう。2024年時点で、夫が40年厚生年金に加入しており、妻が専業主婦の場合の**所得代替率**は、次のとおりです。

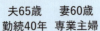

| 夫65歳 勤続40年 | 妻60歳 専業主婦 | 基礎年金 13.4万円 | 厚生年金 9.2万円 | 平均収入 |

所得代替率 **61.2%** = 計22.6万円（夫婦2人の基礎年金＋夫の厚生年金） / 37.0万円（現役男子の平均手取り収入額）

37万円 — 現役男子の手取り収入

22.6万円
- 9.2万円 ← 夫の比例（厚生年金）
- 13.3万円 ← 夫婦2人分の基礎（国民年金）

所得代替率　61.2%
- 比例：25.0%
- 基礎：36.2%

これが現時点での年金事情です。ここからどう変わっていくと予想されるのかを、財政検証で見ていきましょう。

年金額の見通しを、4つのケースからチェックする

　今後の年金額の見通しについては、将来の社会・経済状況が不確実であるため、幅広い複数のケースを設定しています。具体的には、「人口」「労働力」「経済」の3つの要素を前提にして、4つの経済シナリオを設定し、それぞれにおいて将来の見通しを予測しています。

① 高成長実現ケース
② 成長型経済移行・継続ケース
③ 過去30年投影ケース
④ 1人あたりゼロ成長ケース

ケース別将来予想

経済シナリオ＼労働力・経済の前提	労働力の前提　就業者数　就業率（15歳以上人口に占める就業者の割合）	実質経済成長率	実質賃金上昇率	実質的な運用利回り
① 高成長実現ケース	進む	1.6%	2.0%	1.4%
② 成長型経済移行・継続ケース	進む	1.1%	1.5%	1.7%
③ 過去30年投影ケース	一定程度進む	▲0.1%	0.5%	1.7%
④ 1人あたりゼロ成長ケース	進まない	▲0.7%	0.1%	1.3%

※人口の前提はすべての経済シナリオとも以下が前提となります。
　合計特殊出生率（1人の女性が一生の間に産む子どもの平均数）➡2070年　1.36
　平均寿命➡2070年　男性85.89歳　女性91.94歳
　入国超過数（外国人が日本に入国した数から出国した数を引いた値）➡2040年まで　16.4万人

　この表を見ると「上の2つはよい見通し、下の2つはよくない見通しなのかな？」というふうにも思えますね。実際はどうなのでしょうか？
　4つの経済シナリオについて、所得代替率の将来の見通しに関して見ていくことにしましょう。

財政検証の結果、何がわかった？

財政検証により、5年後の2029年度の調整終了後の所得代替率は次のようになると予測されました。「調整終了」とは、マクロ経済スライドによる年金額の調整（年金額を物価や賃金の伸びよりも抑える調整）の終了を指します。マクロ経済スライドについては、第1章1-4でも詳しく解説していきます。

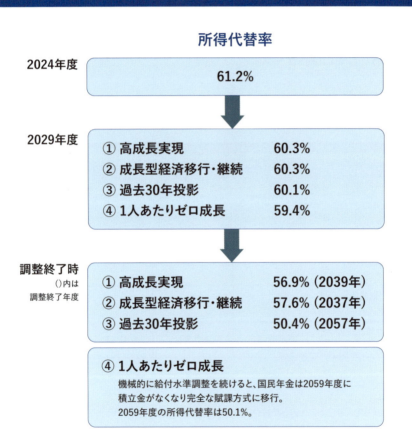

①から④のそれぞれのシナリオについて、68歳未満の年金受給者（新規裁定者（第5章5-1参照））である夫と妻（専業主婦）の年金額をモデルに、具体的に見ていきましょう。

① 高成長実現ケースではどうなる？

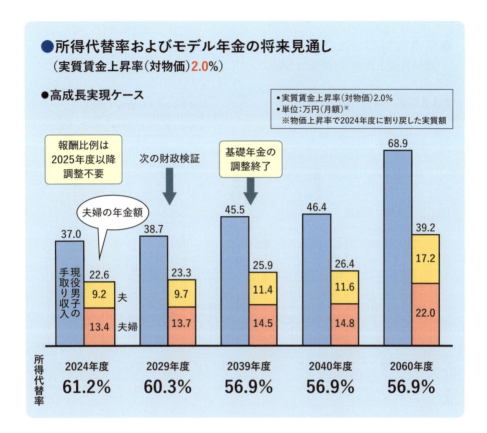

　このケースでは、労働参加が進み、公的年金の被保険者に占める厚生年金の被保険者の割合が増加していきます。そして将来的にも上昇する見通しです。このため、今後年金を受給する65歳時点での厚生年金の加入期間も伸びることが見込まれ、年金額が上昇する要因になります。

　また、このケースでは、**実質賃金上昇率(対物価)** ＊が高いことから、マクロ経済スライドによる年金額の調整期間においても、モデル年金額、平均年金額は物価の伸びを上回って上昇し、低年金の割合も減少していく見通しです。その結果、次の財政検証を行う2029年度においても所得代替率は60.3％を維持できる見通しです。

＊**実質賃金上昇率(対物価)**　物価の上昇による影響を除いた賃金の上昇率を表す。

② 成長型経済移行・継続ケースではどうなる？

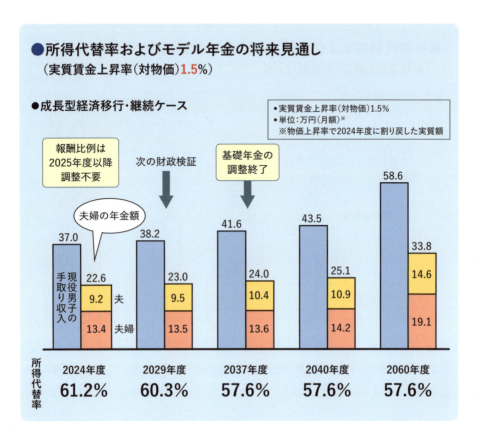

　このケースは、高成長実現コースと同様の見通しになります。労働参加が進み、公的年金の被保険者に占める厚生年金の被保険者の割合が増加していきます。そして将来的にも上昇する見通しです。このため、今後年金を受給する65歳時点での厚生年金の加入期間も伸びることが見込まれ、年金額を上昇する要因になります。

　また、このケースでも高成長実現コースと同じく、実質賃金上昇率が高いことから、マクロ経済スライドによる年金額の調整期間においても、モデル年金額、平均年金額は物価の伸びを上回って上昇し、低年金の割合も減少していく見通しです。その結果、次の財政検証を行う2029年度においての所得代替率は60.3%を維持できる見通しです。

③ 過去30年投影ケースではどうなる？

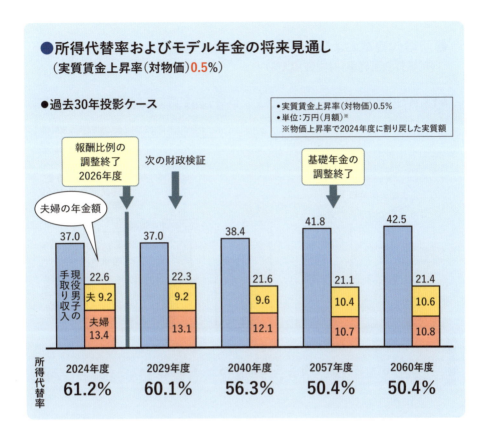

　このケースは、労働参加が漸進（ぜんしん）するケースになります。高成長実現コース、成長型経済移行・継続コースと同様、公的年金の被保険者に占める厚生年金の被保険者の割合は段階を追って少しずつ増加していき、将来的にも上昇する見込みです。このため、今後年金の受給者となる65歳到達時点の厚生年金の期間の平均は延伸（えんしん）が見込まれます。ただし、このケースでは、マクロ経済スライドの調整期間におけるモデル年金額は、物価の伸びを下回ってしまいます。

　しかし、女性の平均年金額は、労働参加の進展に伴う厚生年金の加入期間の延長により物価の伸びを上回って上昇し、おおむね賃金と同等の伸びになる見通しで、低年金の割合も減少していく見通しです。2029年の財政検証においても、所得代替率は60.1％になる見通しです。

④ 1人あたりゼロ成長ケースではどうなる？

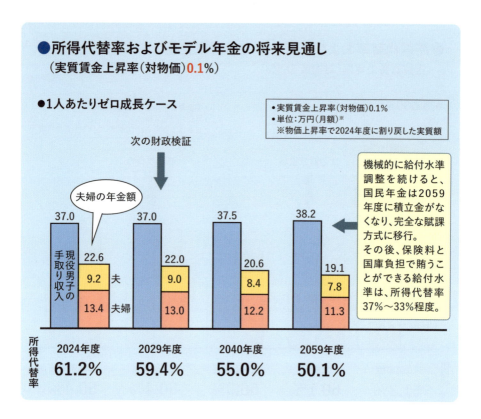

　このケースでは、1人あたり実質ゼロ成長の経済状況となり、労働参加は現状のまま進まないと想定されています。そのため、2029年の財政検証では所得代替率が59.4%になる見通しです。さらに年金額を調整するマクロ経済スライドを終了することができず、機械的にマクロ経済スライドを続けると、2059年度には国民年金の積立金がなくなってしまいます。

　その後は、現役の被保険者の保険料と国庫負担で年金額を賄うことになるため、給付水準は、所得代替率37〜33%程度になる見通しです。

今後の制度改正に向けてのオプション試算

　2019年財政検証では、法律で要請されている「財政の現況及び見通し」に加えて、厚生労働省社会保障審議会年金部会での議論などを踏まえたうえで、一定の制度改正を仮定した**オプション試算**を実施しました。

　そして、「社会保障審議会年金部会における議論の整理」(2019年12月27日)においては、今後の年金制度改革でもオプション試算を踏まえたうえで議論を進めていくべきとされており、2024年財政検証でもオプション試算が行われ、財政検証と合わせて公表されました。

オプション試算ってなんですか？

財政検証とは別に、年金制度の課題を検討するために行われたさまざまな試算のことです。

「試算」っていうくらいだから、これを試したらどうなるか…ということでしょうか？

そのとおりです！　ちょっと難しいですが、これも見てみるとより展望がわかりますよ。次のページから確認していきましょう！

財政検証が**わかる！**

2024年の オプション試算とは？
～可能性と今後の展望～

 試算① 被用者保険の更なる適用拡大を行った場合

- **運用拡大① 約90万人拡大**
  短時間労働者を厚生年金保険の適用対象者とする企業規模要件の廃止と現在任意加入となっている非適用業種※で従業員5人以上の個人事業所を強制加入とした場合
- **運用拡大② 約200万人拡大**
  ①に加え、厚生年金の加入要件である短時間労働者の賃金要件の撤廃、または最低賃金の引上げにより同等の効果が得られる場合
- **運用拡大③ 約270万人拡大**
  ②に加え、現在任意加入となっている従業員5人未満の個人事業所も、厚生年金の強制適用事業所とする場合
- **運用拡大④ 約860万人拡大**
  所定労働時間が1週間で10時間以上のすべての被用者を厚生年金の被保険者とする場合

※農林業、水産業、畜産業等、旅館、料理飲食店、理容美容業等、神社、寺院、教会等

試算の便宜上、2027年10月に更なる適用拡大を実施した場合として試算をすると、次のようになります。ここでは、わかりやすく成長型経済移行・継続ケースと、過去30年投影ケースに絞って試算結果を掲載します。

 試算② 基礎年金の拠出期間延長・給付増額を行った場合

少子高齢化などの影響で現役世代の働く期間が延びていることを踏まえた試算です。国民年金の保険料拠出期間を、現行の40年(20〜59歳)から45年(20〜64

歳)に延長し、拠出期間が延びた分に合わせて基礎年金が増額する仕組みとした場合は次のようになります。

オプション試算①の場合の所得代替率の変動予測

オプション試算②の場合の所得代替率の変動予測

どちらの試算も所得代替率は上がっていますね！
オプション②のほうが効果が高いということでしょうか？

保険料を納める期間が5年延びるため、年金額も増えることになります。しかし、保険料の負担が増えることへの批判があるため、現時点では実施するのは難しいです。

試算③ マクロ経済スライドの調整期間の一致を行った場合

　公的年金は、国民年金と厚生年金の2階建ての構造になっています（詳しくは第2章を参照）。この両方に係る**マクロ経済スライド**を行うことで、公的年金の収支の均等化を図っています。現在はマクロ経済スライドの調整期間内で、国民年金と厚生年金それぞれで調整予定の期間は異なりますが、この調整期間を一致させた場合の試算です。マクロ経済スライドの調整期間を一致させると、将来（2059年）の年金水準の確保に効果があります。

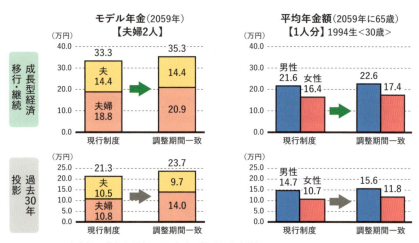

オプション試算③の場合の将来の年金額への影響

※年金額は、物価上昇率で2024年度に割り戻した実質額
※現行制度とは、調整期間を一致させない現行制度を維持した場合です。

> 調整期間を一致させたほうが年金額が増えるのですね。それはなぜですか？

> 調整期間を一致させることにより、国民年金の調整期間の終了を早めることができます。調整期間とは「年金額を抑えるマクロ経済スライドを行う期間」ですから、この期間が早く終了すると年金額を抑える調整も行わなくなります。そのため、年金額が上昇することになります。結果的に所得代替率も上昇します。

試算④ 65歳以上の在職老齢年金の仕組みを撤廃した場合

　働いて一定以上の賃金を得ている65歳以上の老齢厚生年金受給者を対象に、当該老齢厚生年金の一部または全部の支給を停止する仕組み（第5章5-6参照）を撤廃した場合の試算です。高齢化により、高齢者の就労を増やす理由で出された、最も現実的な試算です。

オプション試算④の場合の所得代替率の変動予測

【参考】65歳以上の在職老齢年金の支給停止基準額を変更した場合の影響
（2022年度末データ）

高在老の撤廃

所得代替率への影響

▲0.5％

【参考】
高在老の撤廃による給付増
（報酬比例部分）
- 2030年度：5,200億円
- 2040年度：6,400億円
- 2060年度：4,900億円

※賃金上昇率により2024年度の価格に換算したもの

支給停止基準額	支給停止者数	支給停止額	支給停止基準額見直しによる給付増
現行 [2022年度47万円]	50万人 (16%)	4,500億円	—
53万円	37万人 (12%)	3,600億円	900億円
56万円	33万人 (11%)	3,200億円	1,300億円
59万円	29万人 (10%)	2,700億円	1,800億円
62万円	27万人 (9%)	2,300億円	2,200億円
65万円	25万人 (8%)	1,900億円	2,600億円
⋮	⋮	⋮	⋮
撤廃	—	—	4,500億円

　この場合では、働く年金受給者の給付が増加する一方、将来の受給世代の給付水準が低下します。

在職老齢年金を撤廃すると、働く高齢者が今よりも増えるのでしょうか。

そうですね、働いて賃金を得ていると年金がカットされる今の制度では、働く意欲が削がれてしまいます。企業の人手不足を解消する方法としては有効な手段です。

試算⑤ 標準報酬月額の上限の見直しを行った場合

　厚生年金は、収入が高い人の保険料に上限（標準報酬月額の上限（現行65万円））を設けています。保険料については、第2章2-6で解説していますので参考にしてみてください。これを次のとおりに見直した場合の試算です。

① 上限を75万円に見直し（上限該当者4%相当）
② 上限を83万円に見直し（上限該当者3%相当）
③ 上限を98万円に見直し（上限該当者2%相当）

オプション試算⑤の場合の所得代替率の変動予測

標準報酬月額上限	上限該当者数	保険料収入の増加額	所得代替率への影響	〈参考〉上限該当者に係る老齢厚生年金の給付増
現行 65万円	259万人 (6.2%)	—	—	
上限の見直し① 75万円	168万人 (4.0%)	4,300億円	+0.2%	6.1万円／年
上限の見直し② 83万円	123万人 (3.0%)	6,600億円	+0.4%	11.0万円／年
上限の見直し③ 98万円	83万人 (2.0%)	9,700億円	+0.5%	20.1万円／年

※試算の便宜上、2027年度より見直しをした場合として試算。

　厚生年金の保険料収入の増加により、報酬比例部分の所得代替率が上昇（国民年金は影響なし）します。結果、上限該当者や企業の保険料負担は増加する一方、上限該当者の老齢厚生年金額も増加するうえ、将来の受給世代の給付水準も上昇します。

以上が今回の財政検証とオプション試算の概要です！今後はこのオプション試算を基に、年金制度改正に向けて議論していくことになります。

この本を読む方へ

　公的年金は、自分や家族が老齢、障害、死亡などによって働けなくなったり、所得の低下や喪失などのリスクに社会全体で支えるための仕組みです。公的年金には国民年金と厚生年金保険があり、あらかじめ保険料を納めることで、必要なときに給付を受けることができる社会保険です。

　公的年金制度は、「国民皆年金体制（こくみんかいねんきんたいせい）」という仕組みを取っており、一定の要件に該当する人は、本人の意思にかかわらず法律によって強制的に加入することになります。

　また、現役世代の人が支払った保険料を財源として高齢者の年金給付に充（あ）てるという「世代間扶養」という考え方による財政方式（賦（ふ）課（か）方式といいます。）で運営されています。

　少子高齢化が進行すると、保険料を支払う人が減り、年金を受け取る人が増えるため、「世代間扶養」の運営では年金制度を維持するのが難しくなります。そのため、2004年に年金制度が大きく改正され、少なくとも5年ごとに年金財政の健全性を検証することにしたのです。これを「財政検証」といいます。

　財政検証の結果によっては、年金制度を改正するなどの措置を講ずることになります。2024年7月3日に厚生労働省から「2024年財政検証結果」が公表されました。本書ではこの財政検証の結果を解説するとともに、公的年金制度についてわかりやすく説明しています。

　令和5年版の厚生労働白書によると、2021年度末現在、公的年金に加入している人は6729万人おり、全人口の約半数にあたります。また、全人口の3割に当たる4023万人が公的年金を受給しており、高齢者世帯に関してみれば、その収入の約6割が公的年金等で占められているなど、公的年金は国民の生活になくてはならない存在であり、重要な役割を担っているのです。

　本書は、年齢、職業、年金を受け取っているかどうかに関わりなく、すべての人に読んでもらいたいとの思いで書きました。皆さんのこれからの生活設計にお役に立てれば幸いです。

社会保険労務士　貫場恵子

図解入門ビジネス
最新 公的年金の基本と仕組みが
よ〜くわかる本

CONTENTS

トピックがわかる！
公的年金の基本　〜財政検証とは？　何を見る？〜 …………………………… 2

財政検証の実態
財政検証を読み解く！　〜2024（令和6）年の現状は？〜 …………………… 4
　●年金額の見通しを、4つのケースからチェックする ………………………… 5
　●財政検証の結果、何がわかった？ ……………………………………………… 6
　●① 高成長実現ケースではどうなる？ …………………………………………… 7
　●② 成長型経済移行・継続ケースではどうなる？ ……………………………… 8
　●③ 過去30年投影ケースではどうなる？ ………………………………………… 9
　●④ 1人あたりゼロ成長ケースではどうなる？ ………………………………… 10
　●今後の制度改正に向けてのオプション試算 …………………………………… 11

財政検証がわかる！
2024年のオプション試算とは？　〜可能性と今後の展望〜 ………………… 12
　●試算① 被用者保険の更なる適用拡大を行った場合 …………………………… 12
　●試算② 基礎年金の拠出期間延長・給付増額を行った場合 …………………… 12
　●試算③ マクロ経済スライドの調整期間の一致を行った場合 ………………… 14
　●試算④ 65歳以上の在職老齢年金の仕組みを撤廃した場合 …………………… 15
　●試算⑤ 標準報酬月額の上限の見直しを行った場合 …………………………… 16

この本を読む方へ ……………………………………………………………………… 17

CONTENTS

第1章 年金と財政検証 私たちの年金はどうなる？

- 1-1 年金制度は必要？ ……………………………………… 24
- 1-2 公的年金の財政方式 …………………………………… 26
- 1-3 財政検証とは何か ……………………………………… 28
- 1-4 財政検証とマクロ経済スライド ……………………… 30

第2章 公的年金の基本 国民年金と厚生年金について

- 2-1 公的年金の仕組み ……………………………………… 36
- 2-2 国民年金とは　〜概要、種別、手続きの基本〜 …… 38
- 2-3 国民年金の任意加入被保険者とは？ ………………… 44
- 2-4 厚生年金とは　〜概要、種別、手続きの基本〜 …… 46
- 2-5 厚生年金の被保険者とは？ …………………………… 50
- 2-6 国民年金と厚生年金の保険料について ……………… 54
- 2-7 外国籍の人は年金を受け取れる？ …………………… 56

第3章 知って得する保険料免除制度

- 3-1 国民年金の保険料免除制度 …………………………… 60
- 3-2 国民年金の免除と滞納の違い ………………………… 62
- 3-3 国民年金の追納制度 …………………………………… 64
- 3-4 国民年金の免除　①法定免除　②全額免除 ………… 66
- 3-5 国民年金の免除　③一部免除　④学生納付特例 …… 68
- 3-6 国民年金の免除　⑤納付猶予　⑥産休免除 ………… 72
- 3-7 厚生年金の免除制度 …………………………………… 74
- COLUMN　追納は絶対にしないとダメ？ ………………… 80

19

第4章 老齢基礎年金・老齢厚生年金

- 4-1 国民年金・厚生年金で受け取れる3つの年金 …………………… 82
- 4-2 老齢年金とは ………………………………………………………… 85
- 4-3 老齢基礎年金(国民年金)の受け取り方 …………………………… 86
- 4-4 老齢厚生年金(厚生年金)の受け取り方 …………………………… 88
- 4-5 老齢厚生年金の加給年金額とは? ………………………………… 92

第5章 老後の生活の要となる老齢年金

- 5-1 実際どのくらい貰える? 年金額を確認しよう …………………… 96
- 5-2 年金額を増やす方法① 繰下げ制度を利用する ………………… 98
- 5-3 年金額を増やす方法② 付加保険料をプラスする ……………… 104
- 5-4 年金額を増やす方法③ 60歳から国民年金に任意加入する …… 106
- 5-5 注意! 年金が減ってしまうケース ―老齢年金の支給繰上げ― …………………………………………………………………………… 108
- 5-6 働きながら年金を受け取るとどうなる? ―在職老齢年金― … 112
- 5-7 年金の併給調整 ―1人1年金の原則と例外― …………………… 116

第6章 年金の離婚分割とは

- 6-1 年金の離婚分割 ……………………………………………………… 122
- 6-2 離婚分割の方法① 合意分割 ……………………………………… 124
- 6-3 離婚分割の方法② 3号分割 ……………………………………… 130
- 6-4 離婚分割の方法③ 合意分割と3号分割を同時に行う ………… 134

第7章 障害年金の貰い方

- 7-1 障害年金とは? ……………………………………………………… 138
- 7-2 障害基礎年金について ……………………………………………… 139

CONTENTS

7-3	障害等級と事後重症による障害基礎年金 （障害認定日以降に障害等級に該当した場合）	142
7-4	障害基礎年金の金額は？	144
7-5	障害基礎年金の請求方法	146
7-6	子どもの頃の障害 ―20歳前傷病による障害基礎年金―	148
7-7	障害厚生年金について	150
7-8	障害厚生年金の申請・金額について	152
7-9	障害手当金について	154

第8章 遺族年金の貰い方

8-1	遺族年金とは？	156
8-2	遺族基礎年金について	158
8-3	遺族基礎年金の金額と支給期間	160
8-4	遺族厚生年金について	163
8-5	遺族厚生年金の金額と支給期間	166
8-6	中高齢の寡婦加算（遺族厚生年金）	168
8-7	寡婦年金（国民年金の給付金）	170
8-8	死亡一時金（国民年金の給付金）	172

第9章 公的年金以外の備え　これからの資産形成方法

9-1	公的年金の制度改革で何が変わる？	176
9-2	公的年金だけで生活するのは困難？	180
9-3	安心して老後を迎えるために ―私的年金の勧め―	182
9-4	企業年金・個人年金制度の仕組み	184
9-5	iDeCo（個人型確定拠出年金）とは	186
9-6	iDeCoの給付金と注意点	188
9-7	iDeCoとNISAの違い	190
9-8	NISAの活用について	192
9-9	資産形成の考え方	194

巻末資料

- 裁定請求書 …………………………………………… 198
- ねんきん定期便 ………………………………………… 208
  - ねんきん定期便(50歳未満) …………………………… 208
  - ねんきん定期便(50歳以上) …………………………… 213
  - ねんきん定期便(年金受給者) ………………………… 218
- 障害等級表 ……………………………………………… 222

- 索引 ……………………………………………………… 227

●注意
(1) 本書は著者が独自に調査した結果を出版したものです。
(2) 本書は内容について万全を期して作成いたしましたが、万一、ご不審な点や誤り、記載漏れなどお気付きの点がありましたら、出版元まで書面にてご連絡ください。
(3) 本書の内容に関して運用した結果の影響については、上記(2)項にかかわらず責任を負いかねます。あらかじめご了承ください。
(4) 本書の全部または一部について、出版元から文書による承諾を得ずに複製することは禁じられています。
(5) 本書に記載されているホームページのアドレスなどは、予告なく変更されることがあります。
(6) 商標
本書に記載されている会社名、商品名などは一般に各社の商標または登録商標です。

第 **1** 章

年金と財政検証
私たちの年金はどうなる？

　冒頭では2024年の財政検証について解説しましたが、この章では理解を深めるために、公的年金（国民年金・厚生年金）の仕組みと財政検証について改めて解説します。

　私たちが保険料を支払い、受給することになる年金は、どのような仕組みと財源で管理されているのか、また、冒頭に出てきた「マクロ経済スライド」とは何かを理解しておきましょう。

1-1

年金制度は必要？

　そもそも年金制度は何のために、どのように作られたものなのでしょうか？　まずは基本を確認しておきましょう。

◻ 年金制度の始まり

　そもそも、年金制度はどのような目的でつくられたのでしょうか？
　私たちの人生には、自分や家族が年を取ったり、障害を負ったり、死亡したりなど、さまざまな理由で、自立した生活が困難になるリスクがあります。かつては、親や家族と同居している人が多く、このようなリスクに対して家族が支え合う仕組みでした。しかし、経済成長に伴って核家族化が進み、家族や子どもに頼ることができなくなってきました。こうした社会変化の中で、社会全体で高齢者や障害者を支える**公的年金制度**が整備されたのです。
　公的年金制度の始まりは1942(昭和17)年、**労働者年金保険制度**＊が創設されたのが最初です。その後、時代の変化に合わせてさまざまな法改正がなされ、約80年かけて今の形になっています。

◻ 公的年金制度の意義

　公的年金は定期的に支払われる金銭給付で、原則**終身年金**です。
　「貯蓄」も将来の所得の減少や病気などのリスクに対応できますが、十分な額がないとリスクに対応することはできません。また、保険ではないため、高額な医療費負担のリスクに対応することは難しいでしょう。
　公的年金は生活上のリスクに社会全体で備える仕組みです。あらかじめ保険料を納めることで、必要なときに金銭を受け取ることができる社会保険です。

＊**労働者年金保険制度**　1941(昭和16)年、工場などで働く男子労働者を被保険者とし、養老年金などを支給する目的で制定され、翌1942(昭和17)年から実施された。

🟩 もしも公的年金がなかったら？

　私たちは、親の老後を仕送りなどで支えたり、自分自身の老後や病気のリスクに自分だけで備えたりする必要があります。しかし、自分が何歳まで生きられるのか、長い人生の間に、経済の状況や社会の在り方がどう変化していくのかは予測できません。個人や家族だけで対応するには限界があります。

　個人でなく、社会全体で対応したほうが確実で効率的です。世代を超えて支え合うことで、その時々の経済や社会の状況に応じた給付を実現することができるのです。

　このように、公的年金制度は、予測することができない将来のリスクに対して、社会全体であらかじめ備え、生涯を通じた保障を実現するために必要なものといえるのです。

●年金がないのとあるのとでは何が違う？

老後に備えて貯蓄をしても……	公的年金なら……
人は、何歳まで生きるかは予測できない（どれだけ貯蓄をすればよいのかわからない）	終身（亡くなるまで）の支給
いつ、障害を負ったり、小さな子どもがいるときに配偶者を亡くす（＝所得を失う）かわからない	障害年金・遺族年金の支給
50年後の物価や賃金の変動は予測できない（貯蓄しても、将来目減りするかもしれない）	実質的な価値に配慮した年金の支給

出典：厚生労働省年金局「年金制度基礎資料集」2024年7月16日

1-2
公的年金の財政方式

年金は一人ひとりが毎月決まった額を支払い、老年の方に支給される仕組みです。その運用はどのようにされているのでしょうか。

■ 公的年金は積立貯蓄ではなく「世代間扶養の財政運営」

公的年金は、働いている世代（現役世代）が支払った保険料を、仕送りのように高齢者など働いていない世代の年金給付に充てています。つまり「世代間での支え合い」の考え方に基づいて設計された制度です。これを**賦課方式**といいます。

賦課方式の場合、少子高齢化が進行すると、保険料を負担する現役世代の人数が減り、年金を受け取る高齢者の人数が増加していきます。このため、賦課方式のもとで年金の給付水準を維持しようとすると、現役世代の保険料負担が増えてしまうことになります。

逆に、現役世代に保険料負担がかかりすぎないようにすると、年金の給付水準が下がってしまいます。

● 公的年金の仕組み

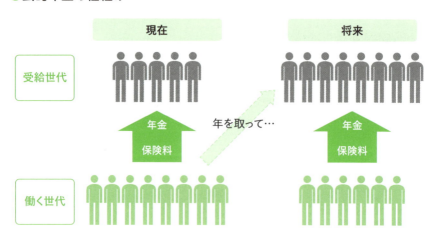

参考：厚生労働省HP「いっしょに検証！公的年金」

賦課制度と積立制度

現在の日本は**少子高齢化**が急激に進んでおり、現役世代の保険料だけで年金給付を賄おうとすると、保険料の引上げまたは給付水準の低下が避けられない状態になっています。そこで公的年金制度では、一定の積立金を保有し、その運用収入や元本を活用する財政計画（＝**積立制度**）を立てています。

2004（平成16）年の年金制度改正において、積立金はおおむね100年をかけて、計画的に活用することになりました。年金給付が増大となった現在、積立金は過去の被保険者の保険料の残余が積み立てられ、それを運用することにより増大したものです。

●現在の年金給付の財源

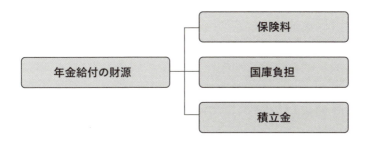

年金給付の財源は、保険料収入と国の一般会計で負担する国庫負担となっており、現在、国民年金の給付費の2分の1を国庫負担が占めています。また、年金給付の支払いが保険料収入と国庫負担を上回る場合に、積立金およびその運用収入が活用されることになります。

1-3 財政検証とは何か

ここまでで学んだ公的年金の制度を、時代を反映して効果的に運営していくために必要なのが「財政検証」です。財政検証は、「年金制度の定期健診」のようなものと考えることができます。

財政検証とは？

公的年金制度は長期的な制度であるため、将来の出生率や平均寿命、物価・賃金などの変動といった社会・経済の変化を踏まえ、適切な年金数理に基づいて、長期的な年金財政の健全性を定期的に検証する必要があります。このため、厚生年金保険法および国民年金法の規定により、政府は「少なくとも5年ごとに、国民年金・厚生年金の財政に係る収支についてその現況および財政均衡期間（おおむね100年間）における見通し（「財政の現況及び見通し」）を作成しなければならない」と定められており、これを**「財政検証」**と呼んでいます。

財政検証は、いわば年金財政の健全性を検証する定期健診といえるものです。

財政検証はいつから始まったの？

2004（平成16）年は年金が大改正された年です。少子高齢化が進む中、年金制度の長期的な持続可能性を図るため、今までの年金財政の仕組みを大きく変えまし

●2004（平成16）年改正前の年金制度

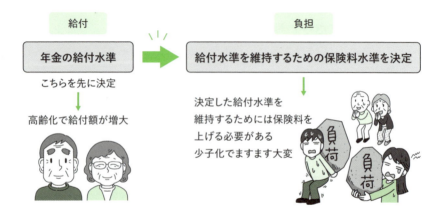

た。しかし、長期の社会経済情勢は変動する可能性があるため、公的年金の長期にわたる財政の健全性を定期的にチェックする「財政検証」をすることにより、制度の持続可能性を担保しているのです。

財政検証は2004（平成16）年の改正によって導入され、最新の財政検証は2024年7月3日に公表されました。その内容は、巻頭のカラーページで紹介しています。

財政検証で何を変えたのか

平成16年度改正では、改正前の仕組みを逆にしたのです。つまり、保険料水準を先に決定し、その保険料収入の範囲内で、年金額を決定する仕組みに変えました。

●2004（平成16）年改正後の年金制度

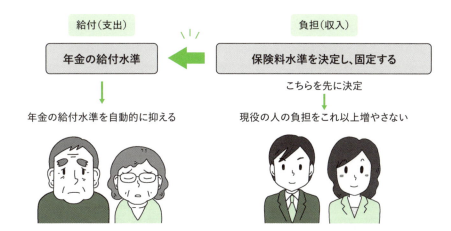

保険料を固定し、その収入の範囲内で年金の給付水準を決定するため、年金額を抑える仕組みを導入します。これを**マクロ経済スライド**といいます。これにより、収入と支出のバランス、つまり、給付と負担の均衡を図ります。

マクロ経済スライドとは何か？　財政検証の結果、マクロ経済スライドでどのような変更がなされたのか？　次のページで詳しく見ていきましょう。

1-4 財政検証とマクロ経済スライド

　「マクロ経済スライド」自体は2004年の年金制度改革で導入されており、現在はそれを実行している期間となります。これをいつまで続けるのかも財政検証で検討しています。

■年金額の改定方法の種類

　年金額の改定方法には2種類あり、年金の受給権者の年齢によって改定方法を変えています。一般的に65歳時点の受給権者を**新規裁定者**、65歳到達後の受給権者を**既裁定者**といい、それぞれで年金額の改定方法は異なります。

　新規裁定者は現役世代の生活水準を維持するとの観点から、**賃金スライド**で年金額を改定しています。対して**既裁定者**は、購買力を維持するとの観点から、原則、**物価スライド**で年金額の改定を行います。しかし、短期的な賃金・物価の変動によって年金額を改定するのは不適当であるため、賃金の伸び率は3年間の平均をとることとされています。その結果、賃金の変動率を反映し終えるに3年間かかるため、実際には65歳から67歳までが新規裁定者となり、68歳以後が既裁定者となります。

●賃金、物価が上昇している場合

新規裁定者（68歳未満）

| 賃金 1%上昇 | 年金 1%上昇 |

● 賃金スライド
現役世代の生活水準を維持

既裁定者（68歳以上）

| 物価 0.8%上昇 | 年金 0.8%上昇 |

● 物価スライド（原則）
購買力を維持、現役世代の
生活水準は反映しない
ただし、物価が賃金を上回る場合は
賃金スライドとなる

■マクロ経済スライドとは？

マクロ経済スライドとは、年金の支出（給付）と保険料収入（負担）の均等を図るための措置として行われるものです。

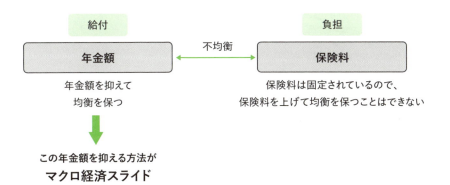

■マクロ経済スライドの方法

マクロ経済スライドでは、「公的年金の被保険者数の変動率」と「65歳時の平均余命の伸び率を勘案した率」をもとに算出された「調整率」＊を使い、年金額の改定を行います。

難しすぎてよくわからない……。

それでは、図を用いて説明しましょう！

例えば、賃金が3％上昇し、調整率が▲0.4％となった場合は、このようになります。

＊将来の人口増減や年齢構成などの変化に応じて算定される「スライド調整率」のこと。調整率は毎年度計算される。

1-4　財政検証とマクロ経済スライド

●賃金が3%上昇する場合、年金額はどうなる？

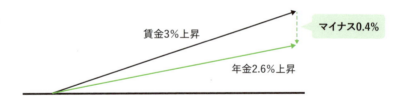

　賃金の上昇率と同じだけ、年金額が上昇するわけではありません。そこから調整率を引くことになります。したがって、賃金が3%上昇したにもかかわらず、年金額の上昇は2.6%になり、実質の年金額は抑えられることになります。

　68歳以上の人は原則物価スライドで行いますが、物価スライドも同様の方法でマクロ経済スライドを行います。

　この仕組みは2004年の年金制度改革で導入されており、現在はこのマクロ経済スライドを実施する期間になっています。これを**調整期間**といいます。

　マクロ経済スライドは、賃金や物価がマイナスになった年は行いません。例えば、賃金が1%下がった場合、年金額の改定も1%下げることになります。そこからさらに調整率を引いて年金額を下げるということはしません。さすがにそれは、年金受給者にとって酷な話です。

マクロ経済スライドはいつまで行う？

　マクロ経済スライドは、給付と負担の均衡が保たれるまで続けられます。具体的な時期については、財政検証で試算しています。

　2024年の財政検証を見てみると、巻頭カラーページ「財政検証の実態　財政検証を読み解く！」で解説したとおり、**成長型経済移行・継続ケース**では、2037年度にマクロ経済スライドの調整を終了することになります。所得代替率は57.6%で、給付水準の低下率は6%にとどまります。

　過去30年投影ケースでは、マクロ経済スライドは2057年度まで続ける必要があり、所得代替率は50.4%と、2割近く下がることになります。

1-4　財政検証とマクロ経済スライド

●財政検証の仕組み

平成16(2004)年年金制度改正における年金財政のフレームワーク

- 上限を固定したうえでの保険料の引上げ
  （最終保険料（率）は国民年金17,000円（2004年度価格）、厚生年金18.3%）
  ※産前産後期間の保険料免除による保険料の引上げ100円分含む（国民年金）
- 負担の範囲内で給付水準を自動調整する仕組み（マクロ経済スライド）の導入
- 積立金の活用　（おおむね100年間で財政均衡を図る方式とし、財政均衡期間の終了時に給付費1年分程度の積立金を保有することとし、積立金を活用して後世代の給付に充てる）
- 基礎年金国庫負担の2分の1への引上げ

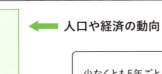

財政検証

少なくとも5年ごとに、
- 財政見通しの作成
- 給付水準の自動調整（マクロ経済スライド）の開始・終了年度の見通しの作成を行い、年金財政の健全性を検証する
→ 次の財政検証までに所得代替率が50%を下回ると見込まれる場合には、給付水準調整の終了その他の措置を講ずるとともに、給付および負担の在り方について検討を行い、所要の措置を講ずる

出典：厚生労働省第16回社会保障審議会年金部会 2024年7月3日

　所得代替率については、巻頭カラーページ「トピックがわかる！　公的年金の基本」でも解説しています。そちらも確認してみてください。

第2章

公的年金の基本
国民年金と厚生年金について

　公的年金は、国民年金と厚生年金の2種類で成り立っています。いわゆる「2階建て」と呼ばれる仕組みです。国民年金と厚生年金の加入要件と、それぞれ必要な手続きについて学びましょう。自営業や会社員として働く個人だけではなく、企業の経営者や人事労務の担当者の人も知っておくべき内容です。

2-1

公的年金の仕組み

公的年金とは、一定の要件を満たした日本国民は原則的に全員加入する制度です。国民年金と厚生年金の2種類があります。まずは公的年金の仕組みを理解しましょう。

公的年金の2つの種類

公的年金とは政府が運営している年金制度で、**国民年金**と**厚生年金**があります。この2つを総称して**公的年金**といいます。公的年金は社会保障の1つで、老齢や障害、死亡によって所得が減少したり喪失するリスクを、国が「年金」を支給することでカバーし、国民の生活を保障するものです。このような観点から、公的年金は原則、**強制加入**になります。

●公的年金の仕組み

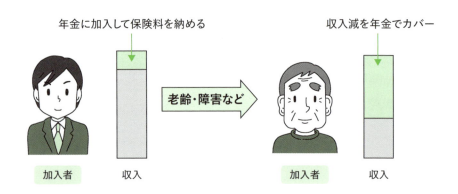

公的年金制度は、原則①20歳以上60歳未満のすべての人が共通して加入する**国民年金**と、②会社員や公務員等が加入する**厚生年金**による、いわゆる**「2階建て」**と呼ばれる構造になっています。

● 公的年金制度の体系図

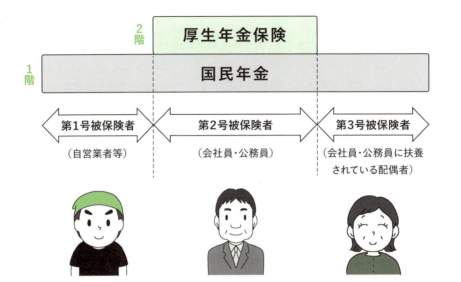

　図を見てわかるとおり、会社員や公務員の第2号被保険者は、国民年金と厚生年金の2つの年金に加入することになります。自営業などを営む人とその配偶者、20歳以上の子などの第1号被保険者、会社員や公務員の配偶者などの第3号被保険者は国民年金に加入します。

公的年金加入の基本

　公的年金は、一定の要件に該当すれば強制加入することになります。原則として任意脱退は認められません。仮に「公的年金に加入したくないから「年金の資格取得届」は提出しません」と主張しても、それは通りません。届出は資格取得の要件にはなっていないからです。

　国民年金、厚生年金の法定要件に該当すれば、法律上、当然被保険者になっているのです。そのため、我が国の年金制度は**「国民皆年金制度」**といわれています。国民年金、厚生年金の法定要件については次に詳しく説明します。

2-2

国民年金とは
～概要、種別、手続きの基本～

　国民年金は、原則日本国内の20歳以上60歳未満の人はすべて加入が義務づけられています。ここでは国民年金被保険者の種別とそれぞれの内容について学びましょう。

🟩 国民年金の加入と種別について

　いわゆる1階部分に当たる国民年金は、日本国内に住所を有する20歳以上60歳未満の者はすべて加入が義務づけられています。国民年金の加入者を被保険者といい、強制加入となる**「強制加入被保険者」**と、任意加入した**「任意加入被保険者」**に分けられます。強制加入被保険者は、さらに**第1号被保険者、第2号被保険者、第3号被保険者**という種別に分けられます。

●国民年金の被保険者の区分

第1号被保険者
自営業者、農林漁業者
無職、学生、アルバイト等で
厚生年金が適用されない人

第2号被保険者
会社員、公務員
私立学校の教職員

第3号被保険者
会社員や公務員の
配偶者（妻など）

38

2-2 国民年金とは ～概要、種別、手続きの基本～

●第1号被保険者になる人の要件
① 日本国内に住所を有する
② 20歳以上60歳未満
③ 第2号被保険者および第3号被保険者のいずれにも該当しない

ただし、老齢厚生年金、退職共済年金等を受けることができる人は第1号被保険者から除かれます。

　　国民年金の被保険者には国籍要件はありません。外国人でも①②③を満たす人は第1号被保険者になります。ただし、医療滞在ビザで滞在する人や観光・保養を目的とするロングステイビザで滞在する外国人は国民年金の被保険者にはなりません。

●第2号被保険者になる人の要件
① 厚生年金保険の被保険者

- 第1号／第3号被保険者は20歳以上60歳未満の者に限られますが、厚生年金の被保険者は、20歳未満であっても、また60歳以上であっても厚生年金に加入していれば第2号被保険者になります。
- 厚生年金は70歳まで加入できますが、65歳以上の人は原則、第2号被保険者の資格を喪失します。

2-2　国民年金とは　〜概要、種別、手続きの基本〜

●第2号被保険者の資格を持つ人

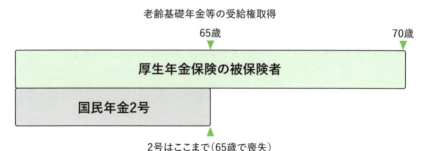

ただし、老齢基礎年金等の受給権を有していない場合は65歳以後も第2号被保険者となります。

> ●第3号被保険者になる人の要件
> ① 第2号被保険者の配偶者
> ② 日本在住、または、海外在住でも日本に生活の基礎があると認められる人
>   （例えば海外転勤に同行したり留学で海外に在住する人など）
> ③ 第2号被保険者の収入によって生計を維持されている
> ④ 20歳以上60歳未満

- 配偶者には夫も妻も含まれ、事実婚も含まれます。実態として、第3号被保険者の多くは妻になります。
- 自営業の妻など第1号被保険者の配偶者は第3号被保険者にはなりません。
- 生計維持の要件は、原則「年収が130万円未満であり、かつ配偶者の年収の2分の1未満であること」になります。

解説 第1号被保険者の届出手続き

　第1号被保険者の届出は、加入や変更など下記種類があります。居住地の役所から書類をもらい、届出事項の欄に「届出の種類」の該当項目にチェックを入れます。なお、書類は年金機構のホームページからもダウンロードできます。

☑ 届出書類	国民年金被保険者関係届書
☑ 届出の種類	☑ 資格取得届　☑ 資格喪失届　☑ 種別変更届 ※注意点を参照 ☑ 氏名変更届　☑ 住所変更届　☑ 死亡届
☑ 届出先	市区町村
☑ 届出方法	窓口持ち込みまたは郵送、またはマイナポータルからの電子申請
☑ 届出期間	当該事実のあった日から14日以内
☑ 必要書類	マイナンバーカード、またはマイナンバーの表示がある住民票の写しと身元確認書類（運転免許証、パスポート、在留カードなど） ※郵送の場合はコピーを同封する
☑ 注意点	※「種別変更届」とは、被保険者の種別が変わった場合に行う届出です。 例：第2号被保険者（会社員）が退職し、第1号被保険者（自営業）になったときは、「資格取得届」ではなく、「種別変更届」を提出します。

2-2　国民年金とは　～概要、種別、手続きの基本～

1. 20歳に達したことにより、第1号被保険者の資格を取得する場合、個人番号（マイナンバー）がある人は、資格取得届の提出は不要となります。
2. 第1号被保険者が60歳に達する、または死亡したことにより資格を喪失した場合には、資格喪失届の提出は不要です。
3. 個人番号（マイナンバー）がある人は、氏名変更届、住所変更届および死亡届は不要です。なお、死亡届の省略については、第1号被保険者の死亡日から7日以内に戸籍法の規定による死亡の届出をした場合に限られます。

第3号被保険者の届出手続き

第3号被保険者の届出は、加入や変更など下記種類があります。被保険者の雇用先などから提出を求められた際に提出します。なお、書類は年金機構のホームページからもダウンロードできます。

届出書類	被扶養者（異動）届
届出の種類	☑資格取得届　☑資格喪失届　☑種別変更届 ☑氏名変更届　☑住所変更届　☑種別確認届※1 ☑被扶養配偶者非該当届※2　☑死亡届
届出先	日本年金機構
届出方法	配偶者である第2号被保険者の事業主（健康保険組合を経由できます）、または、共済組合、日本私立学校振興共済事業団へ提出
提出期限	当該事実のあった日から14日以内
必要書類	被保険者との続柄がわかる書類などを必要に応じて添付（詳細は提出先、または被扶養者（異動）届の「添付書類」に関する説明を確認）

2-2　国民年金とは　〜概要、種別、手続きの基本〜

☑ **注意点**
※「種別変更届」とは、被保険者の種別が変わった場合に行う届出です。
例：第2号被保険者（会社員）が退職し、第1号被保険者（自営業）になったときは、「資格取得届」ではなく、「種別変更届」を提出します。
※1「種別確認届」とは、第3号被保険者の配偶者である第2号被保険者の厚生年金の種別＊に変更があった場合に提出する書類です（被保険者の夫が会社員から地方公務員に転職し、種別が民間企業から共済組合に変わったなど）。
※2「被扶養配偶者非該当届」とは、第3号被保険者の年収が130万円以上となる、または離婚した場合、第3号被保険者から外れるため、その際に提出する書類です。

1. 第3号被保険者が60歳に達する、または死亡したことによりその資格を喪失した場合には、資格喪失届の提出は不要です。
2. 10代で結婚した人が、20歳に達したことにより第3号被保険者の資格を取得した場合、個人番号（マイナンバー）があっても資格取得届の提出は必要です（事実婚のケースがあるため）。
3. 個人番号（マイナンバー）がある人は、氏名変更届、住所変更届および死亡届は不要です。なお、死亡届の省略については、第3号被保険者の死亡日から7日以内に戸籍法の規定による死亡の届出をした場合に限られます。

第2号被保険者の届出は？
　民間企業に勤務している第2号被保険者の場合、厚生年金で資格取得、資格喪失などに係る手続きを行うため、市区町村への届出は不要です。また、公務員などである第2号被保険者については、共済組合などで資格の記録管理が行われているため、こちらも市区町村への届出は不要とされています。

＊第2号被保険者の厚生年金には、民間企業、国家公務員、地方公務員、私学教職員の4種類があります。

2-3

国民年金の任意加入被保険者とは？

国民年金には強制加入保険者のほか、任意加入被保険者となるケースもあります。

■ 任意加入被保険者になる人の要件

第1号被保険者、第2号被保険者、第3号被保険者のいずれの種別にも属していない人のうち、

① 日本国内に住所を有する60歳以上65歳未満の人
② 日本国籍を有し、海外在住の20歳以上65歳未満の人

などは、申出により、国民年金の**任意加入被保険者**となることができます。

任意加入被保険者は、第1号被保険者と同じ保険料を支払うことで、年金を受け取るために必要な期間（受給資格期間（10年））を満たしたり、年金額を増やしたりすることができるます。

●任意加入するのはどんな人？　メリットは？

60歳から任意加入して
年金額を増やそう

20歳から60歳まで自営業のAさん
保険料の滞納期間がある

任意加入して
将来年金をもらおう

海外で日本料理店を個人経営するBさん
日本にいないので第1号被保険者になれない

44

2-3 国民年金の任意加入被保険者とは？

解説　任意加入の手続き

任意加入の手続きは「国民年金被保険者関係届書」の書類で行いますが、状況により手続き窓口が異なるので注意しましょう。

☑ 届出用紙	国民年金被保険者関係届書
☑ 届出先	・日本在住の場合：住所地の市区町村 ・海外在住で日本に協力者（＝日本在住の親族）がいる場合：日本における最後の住所地の市区町村 ・海外在住で日本に協力者（＝日本在住の親族）がいない場合：日本における最後の住所地を管轄する年金事務所 ・日本に住んだことがない場合：千代田年金事務所
☑ 届出方法	窓口持ち込みまたは郵送（種別によりマイナポータルからの電子申請も可能）
☑ 届出期間	任意加入なので提出期限なし
☑ 必要書類	本人が窓口で提出する場合はマイナンバーカード、またはマイナンバーが確認できる書類と身分証
☑ 注意点	任意加入被保険者の保険料は、原則、預貯金口座からの引き落としとなる。

Check　任意で加入している人の保険料が口座引き落としとなるのは、確実に保険料を支払ってもらう必要があるため、未納対策として規定されたものです。国内在住の親族（協力者）が代わりに納める方法もあります。

2-4

厚生年金とは
～概要、種別、手続きの基本～

　厚生年金は企業や組織に属して働いている人が加入する年金制度です。ここでは厚生年金被保険者の適用種別とそれぞれの内容について学びましょう。

■厚生年金の加入と種別について

　いわゆる2階部分に当たる厚生年金は、会社員や公務員および私学の教職員が加入する年金制度で、1階の国民年金に上乗せする形で年金が支給されます。ただし、すべての会社員や公務員等が加入できるわけではなく、厚生年金の適用を受ける事業所に使用されている70歳未満の人であることが条件となります。厚生年金の適用を受ける事業所を**適用事業所**といいます。適用事業所には**「強制適用事業所」**と**「任意適用事業所」**があります。

●厚生年金の適用を受ける事業所の種別

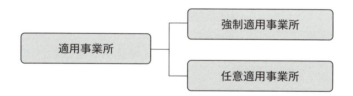

■強制適用事業所とは

　①②③のいずれかに該当する事業所です。

---
① 常時5人以上の従業員を使用する適用業種[※1]を行う個人の事業所
② 常時1人以上の従業員を使用する国、地方公共団体または**法人の事業所**(業種を問わない)
③ 船員が乗り組む船舶[※2]

46

2-4 厚生年金とは ～概要、種別、手続きの基本～

※1 ほとんどの事業が適用業種になります。逆に適用業種にならないものは、農林水産畜産業、接客娯楽業（飲食店、宿泊業、映画演劇、理容美容等）、宗教（寺社、協会等）などごく一部になります。

※2 船舶を事業所とみなします。かつて船員は船員保険法で年金を支給していましたが、加入者の減少などにより、現在は厚生年金に統合されています。

 解説　事業所スタートアップの手続き

労働者を1人以上雇用して事業を開始したときに必要な社会保険（厚生年金・健康保険）の手続きは、以下の通りです。「新規適用届」は、事業所が厚生年金保険および健康保険に加入すべき要件を満たした場合に事業主が年金事務所へ提出します。

- ☑ 健康保険・厚生年金保険新規適用届
  - ☑ 届出先　　：年金事務所（実際に事業を行っている事業所所在地の管轄事務所）
  - ☑ 届出方法　：窓口持ち込みまたは郵送または電子申請
  - ☑ 届出期間　：強制適用事業所となってから5日以内
  - ☑ 必要書類：
    ① 法人事業所の場合　法人（商業登記簿謄本または法人番号指定通知書などのコピー）※
    ② 強制適用となる個人事業所の場合　事業主の世帯全員の住民票（コピー不可・個人番号の記載がないもの）※
    ※提出日からさかのぼって90日以内に発行されたもの

- ☑ 健康保険・厚生年金保険資格取得届
  - ☑ 届出先　　：年金事務所
  - ☑ 届出方法　：窓次持ち込みまたは郵送または電子申請
  - ☑ 届出期間　：被保険者となってから5日以内
  - ☑ 必要書類：原則なし

- ☑ 被扶養者（異動）届・第3号被保険者関係届
  - ☑ 届出先　　：年金事務所
  - ☑ 届出方法　：窓次持ち込みまたは郵送または電子申請
  - ☑ 届出期間　：被扶養者を有するとき、または扶養者を有するに至った日から5日以内
  - ☑ 必要書類：提出日からさかのぼって90日以内に発行された戸籍謄（抄）本または住民票
  ※添付書類に関しては次の「Check」もご確認ください

> **被扶養者(異動)・第3号被保険者関係届の添付書類について**
>
> 　提出日から90日以内に発行された戸籍謄(抄)本、または住民票を添付します。内縁関係にある場合は、両人の戸籍謄(抄)本等を添付しましょう。住民票による続柄の確認は、被保険者と扶養認定を受ける人が同一世帯であり、被保険者が世帯主である場合に限ります。
>
> 　ただし、被保険者と扶養認定を受ける人の個人番号が記載され、①の書類により事業主が続柄を確認し、備考欄の「※続柄確認済み」の□に✓を付している場合は、①の続柄の確認にかかる添付書類は不要です(内縁関係を除く)。

任意適用事業所とは

　強制適用事業所に該当しない事業所でも、事業主が厚生労働大臣の認可を受けて厚生年金に加入することができます。この事業所を「任意適用事業所」といい、任意適用事業所となった後は、事業主および被保険者の権利義務は、強制適用事業所と同じになります。

　任意適用事業所の範囲は①または②のいずれかです。

> ① 常時5人未満の従業員を使用する個人の事業所(適用業種・非適用業種を問わない)
> ② 常時5人以上の従業員を使用して非適用業種を行う個人の事業所

● **任意適用事業所にあたる事業所は？　そのメリットは？**

個人経営の美容院

2-4 厚生年金とは ～概要、種別、手続きの基本～

解説 任意適用事業所の認可の手続き

☑ 届け出書類	任意適用申請書
☑ 届け出先	年金事務所
☑ 届け出期間	従業員の2分の1の同意後、速やかに年金事務所に提出する
☑ 必要書類	・事業主世帯全員の住民票原本(個人番号の記載がないもの) ・公租公課(所得税、事業税、市区町村民税、国民年金保険料、国民健康保険料)の領収書(原則1年分)
☑ 注意点	「健康保険・厚生年金保険　任意適用申請同意書」も添付すること

● 強制適用事業所と任意適用事業所のまとめ

	適用業種		非適用業種	
	製造、土木建築、鉱業、物品販売等		農林水産、接客娯楽、宗教	
	法人・国等	個人	法人・国等	個人
常時5人以上	◎	◎	◎	●
常時1人以上 5人未満	◎	●	◎	●

◎：強制適用事業所　●：任意適用事業所

Check　平成27年10月に共済組合と厚生年金は統合されました。そのため、国家公務員、地方公務員は厚生年金に加入します。

2-5

厚生年金の被保険者とは？

　適用事業所に使用される人の中にも、厚生年金の被保険者となる人と、適用除外に該当する人がいます。

■適用事業所に使用される厚生年金被保険者とは

　適用事業所に使用される**70歳未満**の人は、適用除外に該当する人を除き、**厚生年金の被保険者**になります。正社員や法人の代表者、役員等は被保険者になるほか、パートタイマー・アルバイトなどでも、1週間の所定労働時間および1か月の所定労働日数が同じ事業所で同様の業務に従事している正社員の**4分の3以上**である人は、被保険者になります。

　また、所定労働時間・所定労働日数が正社員の4分の3未満であっても、以下の4つの要件をすべて満たす場合には、厚生年金に加入することになります。該当する場合は、資格取得届を提出します。

---

① 1週間の所定労働時間が20時間以上
② 1月の報酬が8.8万円以上（年収約106万円以上）
③ 学生ではない
④ 厚生年金に加入している従業員数が100人超（令和6年10月からは50人超）
　規模である事業所に使用されている

　ただし、従業員数が50人未満であっても、労使合意の下に事業主が手続きすることにより、上記①②③の要件を満たしている人を厚生年金の被保険者とすることができます。

2-5 厚生年金の被保険者とは？

●厚生年金を適用する事業所

従業員数50人未満
保険料を払える能力がある

優秀なパートさんを採用したい
福利厚生を充実させるためにも
厚生年金に加入しよう

 解説　短時間労働者の加入の手続き

① 厚生年金に加入している従業員が100人を超える（令和6年10月からは50人を超える）ようになったとき	☑ 届出書類：特定適用事業所該当届 ☑ 届出先　：年金事務所または健康保険組合 ☑ 届出期間：5日以内 ※届け出なかった場合は、対象の適用事業所を特定適用事業所に該当したものとして「特定適用事業所該当通知書」が送付されます。
② 上記の表の4要件を満たした短時間労働者がいる場合	☑ 届出書類：資格取得届 ☑ 届出先　：年金事務所 ☑ 届出期間：4要件を満たした日から35日以内 ☑ 注意点　：事業主は面談などを通じて、新たに加入対象者になったことを説明すること。

 Check　以下の人は適用除外となり、厚生年金には加入しません。
- 1か月未満の日雇労働者
- 2か月以内の期間で働く人
- 所在地が一定しない事業所で働く人
- 4か月以内の期間で働く季節労働者
- 臨時的事業で6か月以内の期間で働く人

2-5 厚生年金の被保険者とは？

●パート・アルバイトなどの厚生年金加入チャート図

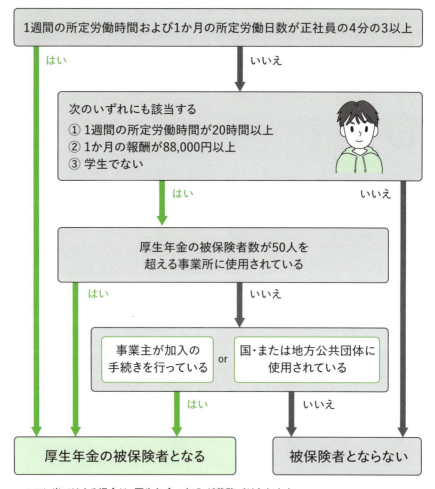

ここに当てはまる場合は、厚生年金の加入が義務づけられます。
必ず資格取得届を提出しましょう。

※厚生年金だけでなく、健康保険の加入も義務づけられます。

厚生年金の被保険者の確認とは

　厚生年金の加入要件を満たした場合、法律上当然に厚生年金の被保険者になりますが、これを厚生労働大臣(公務員の場合は共済組合)が確認する必要があります。この「確認」という行為があって初めて、厚生年金の保険料が徴収され、将来厚生年金を受け取ることができるのです。つまり厚生労働大臣(共済組合)の確認がなければ被保険者の権利義務が十分には効力を生じない仕組みになっています。

　確認の方法には以下の3つがあります。

---

1. 事業主が資格取得届、資格喪失届を提出
   ➡ **通常の確認方法**
2. 被保険者または被保険者であった者からの請求
   ➡ 例えば、事業所で働いている従業員から「厚生年金の加入要件を満たしているのに、事業主が加入してくれないので確認してほしい」と請求があったような場合
3. 職権
   ➡ 事業所への立ち入り調査によって被保険者資格を確認する場合

　2や3のケースはよい確認方法とはいえません。従業員を保護する観点からこのような確認方法の規定も置いています。

　なお、事業主が正当な理由もなく資格取得届や資格喪失届を提出しないときは、6か月以下の懲役または50万円以下の罰金に処せられます。

2-6 国民年金と厚生年金の保険料について

　国民年金と厚生年金では、加入要件などが違うばかりではなく、保険料の金額にも差があります。これはいったいなぜなのでしょうか。

◾️厚生年金の保険料はなぜ高い？

　厚生年金に加入している人は、毎月、給与から**保険料**が天引きされています。そのときに「なんて高いんだろう」と感じる方は多いのではないでしょうか。
　そこで、国民年金と厚生年金の保険料の仕組みについて解説していきます。

◾️① 国民年金の保険料

　国民年金の保険料を個別に収める義務があるのは、第1号被保険者と任意加入被保険者のみになります。国民年金の保険料は所得に関係なく定額制です。
　一般に、第1号被保険者は、自営業や農林漁業従事者、無職の人などで所得を正確に把握することが困難な人もいます。そのため、保険料は定額となります。しかし、所得が高い人も低い人も同じ保険料では、低所得の人は保険料の納付が大きな負担になります。そのため、国民年金には所得に応じてさまざまな**保険料の免除制度**(第3章で解説)を設定しています。
　1か月あたりの保険料は、2004年の法改正により、最終的な保険料水準が法律で定められ固定されました。現在、2004年の価額で17,000円で固定されています。ただし、17,000円は2004年の貨幣価値であるため、**名目賃金変動率**＊を基にこれを現在の貨幣価値に直しています。例えば2024年度の保険料は16,980円です。

◾️② 厚生年金の保険料

　実は、厚生年金の保険料には国民年金の保険料が含まれています。具体的にいうと、「厚生年金の保険料として納めた保険料の一部」が**基礎年金拠出金**として

＊**名目賃金変動率**は、「2年前の物価変動率×4年度前の実質賃金変動率」で計算します。

国民年金に拠出され、第2号被保険者および第3号被保険者の国民年金の給付に充てられているのです。

● **国民年金保険料と厚生年金保険料の関係**

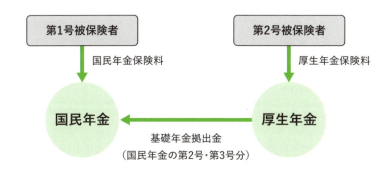

 厚生年金の保険料が高いのは、国民年金の保険料が含まれているためです。しかも、第3号被保険者分も支払っていることになります。

　厚生年金の保険料は定率制で、所得に応じて保険料が異なります。保険料は、被保険者に支払われる給与や賞与を基に計算され、被保険者本人と事業主が折半負担しています。給与や賞与が高い人ほど保険料は高くなる仕組みです。

　会社は毎年1回、7月1日現在で使用している厚生年金の加入者の3か月間(4月、5月、6月)の報酬を「**算定基礎届**」により日本年金機構に届出しています。この届出に基づき、「**標準報酬月額**」＊が決定され、その標準報酬月額を基に保険料を計算します。決定された標準報酬月額は、9月から翌年8月までの1年間適用されます。

　また、賞与が支払われた場合には、支給日より5日以内に「**被保険者賞与支払届**」により支給額を届出します。この届出により「**標準賞与額**」＊が決定され、これにより賞与の保険料額が決定されます。

＊ **標準報酬月額**　被保険者が事業主から受ける報酬の月額を、金額により健康保険は50等級、厚生年金は32等級に区分したもの。基本給のほか、各種手当を含む。
＊ **標準賞与額**　税引き前の賞与の額から1千円未満の端数を切り捨てたもの。ただし1回あたり150万円の限度額が定められている。

2-7

外国籍の人は年金を受け取れる？

公的年金は日本人だけのためのものではありません。外国人でも加入できます。

■公的年金の加入要件に国籍はない

結論からいうと、外国籍の人でも日本の公的年金を受け取れます。

国民年金の被保険者には、**国籍要件**はありません。したがって、外国人であっても第1号被保険者、第2号被保険者、第3号被保険者のいずれかの要件に該当すれば、第1号被保険者、第2号被保険者、または第3号被保険者となります。

また、厚生年金にも国籍要件はありません。厚生年金の加入要件は、**「厚生年金の適用事業所に使用される70歳未満の者」**です。したがって、外国人であっても適用除外に該当しない限り強制加入となります。

●外国人の公的年金加入チャート図

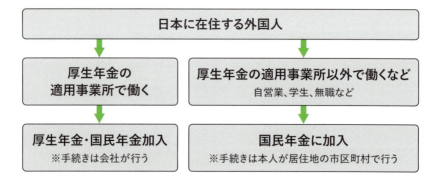

■覚えておきたい「脱退一時金制度」

日本に在住する外国人が、国民年金、厚生年金に加入したものの、老齢基礎年金や老齢厚生年金の受給要件を満たさずに、被保険者資格を喪失して日本を出国した場合、**脱退一時金**を受け取ることができる制度を設けています。これは、保険料の掛け捨てに配慮したものです。ただし、日本に住所を有しなくなった日か

ら2年以内に請求する必要があります。

●国民年金の脱退一時金制度

次のいずれにも該当する場合、脱退一時金の請求が可能となります。

●受給要件
① 日本国籍を有しないこと
② 公的年金制度(国民年金または厚生年金保険)の被保険者でないこと
③ 国民年金第1号被保険者としての保険料納付済期間※を6か月以上有すること
④ 老齢基礎年金の受給資格期間(10年)を満たしていないこと
⑤ 障害基礎年金等の受給権を有したことがないこと
⑥ 日本国内に住所を有しないこと
⑦ 日本に住所を有しなくなった日から2年以内に請求を行うこと

※保険料4分の1免除期間の月数の4分の3に相当する月数、保険料半額免除期間の月数の2分の1に相当する月数および保険料4分の3免除期間の月数の4分の1に相当する月数を含みます。

●厚生年金の脱退一時金制度

次のいずれにも該当する場合、脱退一時金の請求が可能となります。

●受給要件
① 日本国籍を有しないこと
② 公的年金制度(国民年金または厚生年金保険)の被保険者でないこと
③ 厚生年金保険の被保険者期間を6か月以上有すること
④ 老齢厚生年金の受給資格期間(10年)を満たしていないこと
⑤ 障害厚生年金等の受給権を有したことがないこと
⑥ 日本国内に住所を有しないこと
⑦ 日本に住所を有しなくなった日から2年以内に請求を行うこと

2-7　外国籍の人は年金を受け取れる？

国民年金、厚生年金のいずれの要件をも満たす場合、両方の制度から脱退一時金を受け取ることができます。

脱退一時金受け取りの手続き

　脱退一時金の請求書は外国語と日本語が併記された様式となっており、日本年金機構の「脱退一時金に関する手続きをおこなうとき」からダウンロードできるほか、「ねんきんダイヤル」に電話すれば郵送してくれます。また、年金事務所または街角の年金相談センター、市区町村および自治体の国際化協会でも入手できます。この制度を知らない外国人も多いので、外国人を雇用している事業所は帰国する際に、脱退一時金の制度や手続きなどのアドバイスをすることが重要です。

☑ 届出書類	脱退一時金の請求書
☑ 届出先	日本年金機構本部または各共済組合など ※加入していた制度およびその期間により提出先が異なります
☑ 届出方法	郵送または電子申請 ※旅行など、就労以外の目的での来日の場合は年金事務所または街角の年金相談センターの窓口での提出が可能
☑ 届出期間	短期滞在の外国人が日本の住所をなくして出国後2年以内
☑ 必要書類	パスポートの写し、日本国内に住所を有していないことが確認できる書類、口座情報が確認できる書類、年金番号のわかる書類、委任状（代理人が手続を行う場合）
☑ 注意点	滞在中に加入した年金が国民年金または厚生年金保険のみの場合は、日本年金機構あてに請求手続きを行う。また、共済組合の場合はそれぞれの共済組合に確認する。

第3章

知って得する保険料免除制度

　公的年金は原則として全国民に加入が義務づけられている社会保険ですが、保険料の支払いが難しい場合には手続きを経て免除としてもらうことも可能です。自分や家族、友人、従業員のためにも、正しく理解しておきましょう。

3-1

国民年金の保険料免除制度

　国民年金の保険料は一律のため、負担を軽減するべくさまざまな状況に応じた免除制度があります。当てはまる場合は活用することをおすすめします。

国民年金の免除対象は誰？

　国民年金の保険料は所得に関係なく、一律同じ額であるため、所得の低い人は収めるのが困難な場合もあります。そこで、国民年金では**保険料の免除制度**を設けています。国民年金の保険料を個別に納める人は第1号被保険者と任意加入被保険者ですが、任意で加入している任意加入被保険者は免除制度は使えず、強制加入である第1号被保険者のみが免除の対象となります。

●国民年金の免除を活用しよう！

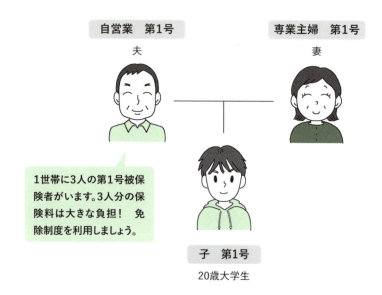

●免除制度の種類

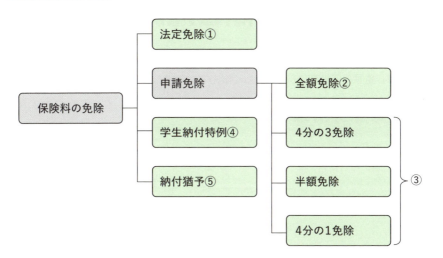

　①の法定免除は全額が免除されます。申請免除についても全額から一部の免除があります。また、主に若い世代に向けた④の学生納付特例、⑤の納付猶予、産休免除などもあり、申請すればさまざまな免除を使えますが、申請せず納付もしなかった場合は**滞納**になってしまいます。滞納してしまうと年金の受給要件を満たせなくなることがあるので、該当する期間は必ず免除の手続きを行いましょう。

　それぞれの免除についての詳細は、次から解説していきます。

3-2

国民年金の免除と滞納の違い

免除をするのと、免除をせずに滞納するのとでは受給の要件が大きく異なってしまいます。免除と滞納について、詳しく学んでおきましょう。

■ 免除と滞納は何が違う？

免除は、保険料の支払いが困難な理由を示して正当な手続きを経るものです。何もせずにただ保険料を納めずにいると**滞納**になります。

「どうせ支払いをしないのならどちらも同じではないの？」と思われるかもしれませんが、**全く違います**。次の図を見ていきましょう。

●保険料の免除と滞納の違い

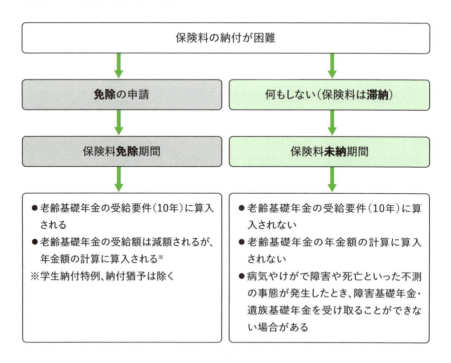

若い人の場合、収入が少なかったり、「どうせ貰えないからいいや」と、払わないでおこうと思う人もいるかもしれません。そのまま手続きをせずに放っておくと、**未納期間**となり、老齢基礎年金、障害基礎年金または遺族基礎年金を受け取ることができない場合が出てきます。保険料の免除は申請が必要です。詳しくは第3章3-4、3-5で解説しています。

　滞納と免除では、将来の算定額が変わります。保険料の納付が困難だと思ったら、市区町村または、年金事務所に相談してみましょう。

>　申請する場合は、「国民年金保険料免除・納付猶予申請書」を、居住地の市区町村または年金事務所に提出します（郵送可能）。マイナポータルを利用した電子申請もできます。
>
> ●マイナポータルの電子申請の方法
> ① マイナポータルへアクセスする。
> ② マイナポータルのトップ画面の「年金の手続をする」を選択し、マイナポータルへログインする。
> ③ 「国民年金に関する手続き」画面で、希望する手続きを確認して「手続きに進む」を選択し、マイナンバーカードの読み取りを行う。
> ④ 案内に従い、必要事項を入力して申請を行う。

過去の滞納もさかのぼって免除の申請が可能

　免除の申請は、過去2年（申請月の2年1か月前の月分）までさかのぼって申請することができます。例えば、令和6年10月に申請する場合は、令和4年9月までさかのぼって申請できます。滞納している保険料も申請すれば過去2年分が免除期間となります。

国民年金の追納制度

免除期間中の保険料は、後から納めることもできます。追納のメリットや注意点を解説します。

免除期間があると年金額が少なくなる

国民年金保険料の全額免除や一部免除の承認を受けた期間がある場合は、老齢基礎年金を計算する際に、保険料を全額納付したときに比べ、下記のように将来受け取る年金額が少なくなります。

●例　昭和31年4月2日以後生まれの人が受け取る場合の年金額

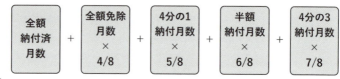

※令和6年4月分からの年金額計算方法による

例えば40年保険料を納付した場合は総額816,000円を受け取れますが、40年間全額免除の場合は408,000円となり、年額は半分になる計算です。また、平成21年3月以前の免除期間は、割合が異なりますので注意してください。

追納で将来の年金を増やす

国民年金保険料には、減額された年金受取額を補うための「追納制度」があります。「追納制度」とは、免除の承認を受けた期間の保険料について、10年以内であれば、過去10年にさかのぼって納めることができるという制度です。

例えば、令和6年10月に追納する場合は、平成26年10月分以降の期間が追納できます。追納した期間の保険料は「全額納付」として算定されます。追納する際は、原則として次のような順番で追納します。

3-3 国民年金の追納制度

> ● **追納する順番**
> ① 学生納付特例、または納付猶予の保険料
> ② 法定免除・全額免除・4分の3免除・半額免除・4分の1免除

①の2つの免除は年金額の計算に算入されないため、まず先に追納して年金額の計算に反映させます。その次に②についての保険料を追納します。これらの保険料には10年の時効があるため、古いほうから順に追納するのが原則です。

ただし、学生納付特例または納付猶予の保険料よりも前に法定免除・全額免除・4分の3免除・半額免除・4分の1免除があるときは、その保険料について、先に経過した月分の保険料から追納することができます。

● 追納の原則と例外

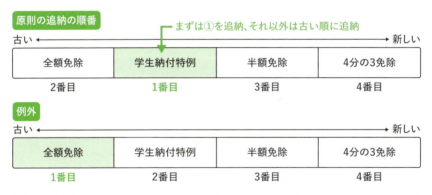

このケースでは、学生納付特例を先に追納すると、その間に最も古い全額免除が追納できなくなる（10年の時効を迎える）可能性があるので、先に全額免除の保険料の追納をすることも可能。

>
> ● **追納の留意点**
> ・免除などの承認を受けた期間の翌年度から数えて3年度目以降に追納をする場合は、当時の保険料額に一定額が加算されます。
> ・すでに老齢基礎年金を受け取っている人は追納できません。
> ・追納した保険料は、全額が社会保険料控除などの対象となるので、節税対策になります。

3-4

国民年金の免除
①法定免除　②全額免除

「法定免除」「全額免除」は、該当した場合、どちらも保険料が全額免除となります。

① 法定免除の対象と手続き

法定免除は、以下に該当した場合、法律上当然に保険料が全額免除になります。

（1）生活保護の生活扶助を受けている人
　　➡生活保護を受け始めた日を含む月の前月の保険料から免除となります。
（2）障害基礎年金または障害厚生年金など（2級以上）を受けている人
　　➡障害認定日を含む月の前月の保険料から免除となります。
（3）国立ハンセン病療養所などで療養している人
　　➡療養が始まった日を含む月の前月の保険料から免除となります。
※保険料の納付期限が翌月末日のため、前月分から免除になります。

　上記の（1）から（3）のいずれかに該当した場合、その事実のあった日から14日以内に「国民年金保険料免除事由（該当・消滅）届」を、居住地の自治体（市区町村）に提出します。
　ただし、障害年金2級以上に該当する場合は届出は不要です。
　なお、上記の（1）から（3）に該当しなくなった場合も、国民年金保険料免除事由（該当・消滅）届を提出しなければなりません。

② 全額免除の対象と手続き

　全額免除は、被保険者、または被保険者であった人（被保険者等といいます）が、以下の表のいずれかに該当する場合に、市区町村または年金事務所に申請することにより保険料が全額免除になります。
　ただし、連帯納付義務のある世帯主または配偶者も以下の表のいずれかに該当

する必要があります。

(1) 免除すべき月の属する月の前年の所得が以下の計算式で計算した金額の範囲内
（扶養親族等の数＋1）× 35万円 ＋ 32万円

(2) 生活保護の生活扶助以外の扶助を受けるとき（生活扶助は法定免除となります）

(3) 地方税法に定める障害者、寡婦およびひとり親で免除すべき月の属する月の前年の所得が135万円以下

(4) 震災、風水害、火災などの災害により、被保険者、世帯主等の所有する住宅、家財などの財産につき、その価額のおおむね2分の1以上である損害を受けたとき

(5) 失業により保険料を納付することが困難であると認められるとき

(6) 「配偶者からの暴力の防止および被害者の保護に関する法律」に規定する配偶者から暴力を受けたとき。なお、配偶者の暴力から逃れるため、加害配偶者と住所が異なるときは、原則被害配偶者本人の所得だけで免除の可否が判断されます。

手続きは、**国民年金保険料免除・納付猶予申請書**を市区町村または年金事務所に提出します。全額免除と一部免除の手続きは同じ方法で行います。第3章3-5の「解説　国民年金の免除の手続き」を確認してください。

3-5

国民年金の免除
③一部免除 ④学生納付特例

「一部免除」は保険料の一部を免除、「学生納付特例」は全額免除となります。

③ 一部免除の対象と手続き

申請免除には、全額免除だけでなく、**一部免除**もあります。一部免除には、**4分の3免除、半額免除および4分の1免除**があります。これを**「多段階免除」**といいます。被保険者などが市区町村または年金事務所に申請し、かつ被保険者などおよび世帯主、もしくは配偶者が以下の表に該当する場合、一部免除になります。

---

(1) 免除すべき月の属する月の前年の所得が、以下の計算式で計算した金額の範囲内
　4分の3免除： 88万円 ＋ 扶養親族等控除額 ＋ 社会保険料控除額等
　半額免除　　：128万円 ＋ 扶養親族等控除額 ＋ 社会保険料控除額等
　4分の1免除：168万円 ＋ 扶養親族等控除額 ＋ 社会保険料控除額等
　↑所得が低いほど免除割合は高くなります。

(2) 全額免除の(2)～(6)に該当する場合
　全額免除の(2)～(6)に該当する場合は、全額免除の申請ができますが、一部免除の申請もできます。一部でも保険料を納める一部免除のほうが、将来受け取れる老齢基礎年金の額は全額免除よりも多くなります。

Check 一部免除の場合、免除になっていない部分の保険料は収める必要があるので注意しましょう。

●せっかく免除申請をしても、残りを納めなければ未納に！

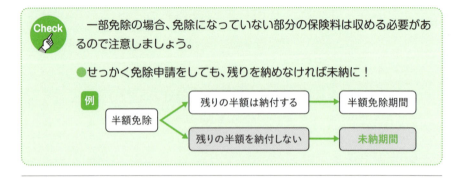

3-5　国民年金の免除　③一部免除　④学生納付特例

国民年金の免除の手続き

　全額免除や一部免除の手続きは、同様の方法で申請を行います。書類は年金事務所または市区町村の国民年金窓口で貰うか、日本年金機構のホームページからダウンロードします。

☑ 届出書類	国民年金保険料免除・納付猶予申請書
☑ 届出先	市区町村または年金事務所
☑ 届出方法	窓口持ち込み、または郵送、または電子申請
☑ 届出期間	保険料の納付期限から2年を経過していない期間（申請時点から2年1か月前までの期間）が申請できる。
☑ 必要書類	個人情報が確認できる書類のほか、失業など事由によりその事実を証明できるもの
☑ 注意点	1枚の申請書で申請できるのは7月から翌年の6月までの1年分。複数年度の申請をする場合は必要な枚数だけ申請書を用意すること。

　免除の申請に関しては、昨年度の所得で申請受理の判断をします。
　例えば、令和6年7月から令和7年6月までの保険料を全額免除として申請した場合は、令和5年度の所得で判断されます。

④ 学生納付特例の対象と手続き

　20歳以上の学生は国民年金の第1号に該当しますが、世帯主に連帯納付義務があるため、本人ではなく親が支払うことも可能です。支払いの負担を減らしたい場合は**学生納付特例**を申請します。

●20歳以上の学生の国民年金保険料支払いパターン

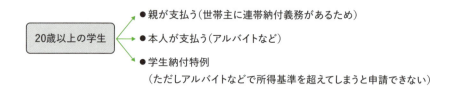

　学生納付特例は保険料が全額免除となります。20歳以上の学生であり、学生納付特例を受けようとする年度の前年の所得が以下の計算式の範囲内になる人は申請が可能です。なお、世帯主や配偶者の所得は問いません。

> ●学生納付特例の所得基準（申請者本人のみ）
> 　128万円 ＋ 扶養親族等の数 × 38万円
> 　　＋ 社会保険料控除等（半額免除と同じです）

 Check　学生とは、大学（大学院）、短期大学、高等学校、高等専門学校、特別支援学校、専修学校および各種学校＊、一部の海外大学の日本分校＊に在学する人で、夜間・定時制課程や通信課程の方も含まれますので、ほとんどの学生が対象となります。

＊**各種学校**　　修業年限が1年以上の課程に在学している人に限る（私立の各種学校については都道府県知事の認可を受けた学校に限る）。
＊**海外大学の日本分校**　日本国内にある海外大学の日本分校などで、文部科学大臣が個別に指定した課程のこと。

3-5　国民年金の免除　③一部免除　④学生納付特例

解説　学生納付特例手続き

☑	届出書類	国民年金保険料学生納付特例申請書
☑	届出先	市区町村、年金事務所または学校
☑	届出方法	窓口持ち込み、または郵送、または電子申請
☑	届出期間	年度ごとに申請。4月から申請でき、2年1か月前までさかのぼって申請できる。
☑	必要書類	本人確認書類、基礎年金番号のわかる書類、在学していることがわかる書類（学生証や在学証明）など
☑	注意点	1枚の申請書で申請できるのは4月から翌年3月までの1年分です。

Check　学生納付特例の申請に関しては、昨年度の所得で判断をします。例えば、令和6年4月から令和7年3月までの保険料について、学生納付特例の申請を行った場合は、令和5年中の所得で判定をします。

71

3-6

国民年金の免除
⑤納付猶予　⑥産休免除

　納付猶予は所得基準に当てはまる人が全額免除になる制度です。産休免除とは異なり、納付済みにはなりません。

⑤ 納付猶予の対象と手続き

　納付猶予制度は、もともと30歳未満の学生ではない若者に対する免除制度でした。近年、フリーター、アルバイトなどの非正規雇用や、引きこもりやの若者が増加していることに対応した制度です。

　これらの人の多くが、無収入や低所得であるなどの理由で、保険料を納めるのが困難な状況にあります。しかし、親と同居している場合は世帯主に連帯納付義務があるため、保険料の免除対象にはなりませんでした。かといって、親世代が成人した子の保険料を負担するのは、年金制度の趣旨からいって好ましくありません。そこで、免除制度とは別に納付猶予制度を設けたのです。

　ところが年々、引きこもりや非正規雇用の人の年齢が上がってきており、30歳未満では対応できなくなりました。そのため平成28年7月から30歳以上50歳未満の人も対象にしています。ただし、この制度は令和12年6月までの時限措置となります。

●**対象者**

　20歳以上50歳未満の被保険者等で、本人、配偶者（世帯主の所得は問いません）の前年所得が一定額以下の人が対象になります。所得要件は全額免除と同じで単身世帯の場合、67万円以下になります。

　手続きは市区町村または年金事務所に国民年金保険料免除・納付猶予申請書を提出します。

⑥ 産休免除の対象と手続き

　産休免除は、次世代育成支援の観点から、第1号被保険者の産前産後休業期間の保険料を免除にする制度です。所得要件はなく、第1号被保険者すべてが対象です。免除期間は、出産予定日または出産日が属する月の前月から**4か月間**です。多胎妊娠（双子以上）の場合は、出産予定日または出産日が属する月の3か月前から**最大6か月間**免除になります。

　産休免除制度は、子育て支援として行われているため、他の免除制度と異なり、産休免除期間は「**保険料納付済期間**」とされます。したがって、老齢基礎年金を計算する場合、産休免除期間があっても年金額が減額されることはありません。

●産休免除の対象期間（色のついた部分が免除期間となる）

	3か月前	2か月前	1か月前	出産予定日※	1か月後	2か月後	3か月後
単胎の方							
多胎の方							

※届出が出産後の場合「出産日」

●手続き

　国民年金被保険者関係届書（申出書）を市区町村に提出します。なおこの届出は、出産予定日の6か月前から行うことができます。

　この制度の対象者は第1号被保険者のみです。会社員や公務員である第2号被保険者は、個別に国民年金の保険料を納めていないため、この制度の対象にはなりません。
　なお、第2号被保険者は厚生年金の保険料の産休免除制度があります（第3章3-7参照）。

3-7 厚生年金の免除制度

　厚生年金の免除制度は国民年金の免除制度とは大きく異なり、所得に応じた免除はありません。主に子育て支援に関するもののみです。

厚生年金には所得に応じた免除はない

　厚生年金にも保険料の免除制度がありますが、国民年金の免除制度とは大きく異なります。そもそも厚生年金の保険料は、被保険者の給与額（標準報酬月額といいます）や賞与（標準賞与額といいます）に基づいて計算されるため、給与や賞与が少ない人は保険料が少なく、給与や賞与が高い人は保険料が高くなる仕組みです。そのため、所得による免除制度というものはありません。

　厚生年金の免除制度は、子育て支援に関するものです。厚生年金の保険料免除制度では、**産前産後休業**期間中と**育児休業**期間中の保険料が免除になります。どちらも保険料は納付済み期間として扱われます。

- 厚生年金の産休免除と育児免除については、厚生年金だけではなく健康保険の保険料の対象にもなります。
- 産前産後休業期間および育児休業期間の所得の有無は問いません。したがって、この期間に報酬が支払われていても保険料は免除となります。
- 事業主負担分・被保険者負担分の両方の保険料が免除になります。

① 産前産後休業中の保険料免除

この申出は、被保険者から**産前産後休業**＊取得の申出があった場合に事業主が行うものです。免除期間は、産前産後休業開始月から終了日の翌日の属する月の前月までの期間です。なお、産前産後休業期間中に給与を受けていたか否かは問いません。また、この免除期間は、将来、被保険者の年金額を計算する際は、保険料を納めた期間として扱われます。

> **解説　産前産後休業取得の手続き**
>
> 被保険者が産前産後休業を取得するたびに、事業主が手続きを行う必要があります。事業主は、産前産後休業中〜休業終了後1か月以内に、産前産後休業取得者申出書を年金事務所へ提出します。この申出により、**被保険者および事業主の両方の保険料が免除**になります。
>
> | ☑ 届出書類 | 産前産後休業取得者申出書 |
> |---|---|
> | ☑ 届出先 | 年金事務所 |
> | ☑ 届出期間 | 産前産後休業中、または産前産後休業終了後の終了日から起算して1か月以内 |
> | ☑ 必要書類 | なし |
> | ☑ 注意点 | 被保険者が産前産後休業期間を変更したとき、または産前産後休業終了予定日の前日までに産前産後休業を終了したときは、速やかに**産前産後休業取得者変更（終了）届**を年金事務所に提出します。 |

＊**産前産後休業**　出産の日（出産の日が予定日より後の場合は出産予定日）以前42日（多胎妊娠の場合は98日）から、出産の日後56日目までの間で、妊娠または出産に関する事由を理由として労務に服さなかった期間のこと。

② 育児休業期間中の保険料の免除

　産休中の保険料免除については女性のみが対象になりますが、**育児休業**期間中の保険料の免除は男女ともに対象となります。近年、男性の育児休業の取得率が向上しており、免除の要件を満たせば男性でも育児休業期間中の保険料が免除になります。

　免除期間は、育児休業の開始日の属する月から、終了日の翌日が属する月の前月までの期間です。なお、産休免除と同じく、この期間中に給与を受けていたか否かは問いません。また、この免除期間は、将来、被保険者の年金額を計算する際は、保険料を納めた期間として扱われます。

● **育児休業期間の定義**

① 1歳に満たない子を養育するための育児休業
② 保育所待機など特別な事情がある場合の1歳から1歳6か月に達する日までの育児休業
③ 保育所待機など特別な事情がある場合の1歳6か月から2歳に達する日までの育児休業
④ 会社独自の制度として、就業規則などにより3歳に達するまでの子を養育するための育児休業
⑤ 産後休業をしていない労働者(夫)が、育児休業とは別に、子の出生後8週間以内に4週間まで2回に分割して取得する休業(産後パパ育休)

　育児休業の保険料免除は、上記の①～⑤の育児休業などを取得するたびに事業主が手続きを行う必要があります。また、育児休業の取り方や期間により、免除期間も異なります。次の4つのパターンを参考に見ていきましょう。

3-7 厚生年金の免除制度

●夫が育児休業を取るケース

例① 2月15日から6月14日まで育児休業

例② 2月25日から3月4日まで育児休業

※月をまたいだ場合、育児休業期間は短いですが、2月の保険料は免除になります。

例③ 2月1日から2月7日まで育児休業

例④ 2月1日から2月22日まで育児休業

　育児休業の開始日と終了日の翌日の属する月が同じ月にある場合、育児休業の日数が**14日以上**あれば、その月の保険料は免除になります。なお、14日には、休日などの労務に服さない日も含めます。また、同月内に取得した育児休業および

3-7　厚生年金の免除制度

出生時育児休業*による休業などは、合算して育児休業等期間の算定に含めます。

　仮に、月末の1日だけ育児休業を取得した場合も、その月の保険料が免除になります。例えば3月31日に育児休業を取得し、4月1日に職場復帰した場合は、

- 育休開始月　➡　3月
- 育休終了日の翌日（職場復帰日）の月　➡　4月

となります。

　免除期間は育休開始月から職場復帰月の前月までとなるので、3月分の保険料が免除されます。つまり、育児休業を取得する場合は、月をまたいで取得するか、月末に取得して翌月に復帰すれば、育児休業の日数に関係なく保険料は免除となります。

　逆に、育児休業の開始と職場復帰日が同じ月の場合は、育児休業期間が14日以上でなければ保険料の免除にならないので、注意しておきましょう。

解説　育児休業取得の手続き

　事業主が「育児休業等取得者申出書」を育児休業などの期間中から終了後1か月以内に年金事務所へ提出します。この申出により被保険者・事業主両方の負担が免除されます。

☑ 届出書類	育児休業等取得者申出書
☑ 届出先	年金事務所
☑ 届出期間	育児休業などの期間中または育児休業等終了後の終了日から起算して1か月以内
☑ 必要書類	なし
☑ 注意点	被保険者の育児休業期間が予定日よりも前に終了した場合、事業主は育児休業等取得者終了届を年金事務所に提出します。

---

* **出生時育児休業**　2022年10月より施行の、いわゆる「産後パパ育休」制度。子の誕生日から起算して8週間を経過する日の翌日までに最大28日間休業できる。

■産休＆育休中の賞与に係る保険料の免除

　賞与についても保険料が免除になりますが、給与とは異なる規定になるので、注意が必要です。連続して1か月（休日を含めます）を超える育児休業等を取得したときに限り、月末が育児休業等期間中である月に支払われた賞与に係る保険料が免除になります。1か月ちょうどの育児休業は、賞与の保険料は免除になりません。

●賞与が免除される場合、免除されない場合

12月は給与のみ保険料が免除になります。

12月は給与と賞与の保険料が免除になります。

>
> 　賞与の保険料を免除にするためには、育児休業期間は1か月と1日は必要です。
>
> 　例① 12月1日〜12月31日の育児休業
> 　　➡育児休業期間が1か月のため、12月の賞与の保険料は免除になりません。ただし、12月の給与の保険料は免除になります。
> 　例② 12月1日〜1月1日の育児休業
> 　　➡育児休業期間が1か月を超えるため、12月の賞与と給与の保険料の両方が免除になります。
>
> 　賞与の月に係る育児休業の取得の場合は注意しておきましょう。

COLUMN　追納は絶対にしないとダメ？

　大学生のときに、親の勧めで「学生納付特例」を利用していました。就職して数年経ち、仕事にも慣れて少しずつ余裕が出てきたところで、突然「追納のご案内」という書類が日本年金機構から届きました。こんなふうに過去の保険料を請求されると思っていなかったので驚いています。
　やっと貯金ができるようになってきたのにこの金額を追納するのは正直厳しいのですが、やはり追納しなければならないのでしょうか？　払うとしても、分割にしたりすることはできないのでしょうか。

　突然「未払いの保険料を納めなさい」というふうに言われたら驚いてしまいますよね。払わなくてはいけないのか、今は厳しいけどどうしたらいいのだろう、と、戸惑う気持ちもわかります。
　ですが、実は「追納」は義務ではありません。払わなかった場合に、さらに徴収されたり、罰則を受けたり、訴えられたりすることもないのです。
　もちろん、払える能力があるのであれば、追納を考えてもよいでしょう。また、一度に免除の保険料の全部を追納する必要はなく、一部を追納する（分割で納める）こともできます。その場合は、居住地の年金事務所に「国民年金保険料追納申込書」を提出すれば手続きができます。
　しかし、奨学金の返済や今の生活を維持するので精一杯というのであれば、あえて追納する必要はありません。学生納付特例の期間は「全額免除」として扱われるため、「滞納」とは異なります。年金額の計算には反映されませんが、貰えなくなるわけではなく、受給資格期間には算入してくれます。また、追納以外にも年金額を増やす方法はあります。詳しくは第9章をご覧ください。

第4章

老齢基礎年金・老齢厚生年金

公的年金の主な給付には「老齢年金」「障害年金」「遺族年金」の3つがあります。このうち、ほぼすべての人が受け取ることができる「老齢年金」について、概要、受給要件、金額や手当にあたるものなど、基本を学んでおきましょう。

4-1

国民年金・厚生年金で受け取れる3つの年金

国民年金・厚生年金で受け取れる年金・一時金は、老齢・障害・死亡の3種類です。

■ 私たちが受け取れる3つの年金と一時金

国民年金、厚生年金で受け取ることができる年金・一時金には、次のようなものがあります。

●国民年金

保険事故	給付	第1号被保険者期間に基づいて支給される給付
老齢	老齢基礎年金	付加年金
障害	障害基礎年金	
死亡	遺族基礎年金	寡婦年金、死亡一時金

●厚生年金

保険事故	保険給付
老齢	老齢厚生年金
障害	障害厚生年金・障害手当金
死亡	遺族厚生年金

※上記のほか、外国人に支給される**脱退一時金**(第2章2-7参照)があります。

公的年金の基本となる年金は次の3つです。

1. **老齢年金** 65歳から受け取れる
2. **障害年金** 病気やけがなどにより、生活や仕事に支障が出た場合に受け取れる
3. **遺族年金** 被保険者が亡くなった場合、その遺族が受け取れる

4-1　国民年金・厚生年金で受け取れる3つの年金

| 1. 老齢年金 約4,044万人 | 2. 障害年金 約231万人 | 3. 遺族年金 約678万人 |

出典：厚生労働省「知っておきたい年金の話」

●老齢になったとき

老齢基礎年金	老齢厚生年金
	老齢基礎年金
国民年金のみに加入している人	厚生年金に加入している人

●障害が残ったとき

障害基礎年金	障害厚生年金
	障害基礎年金
国民年金のみに加入している人	厚生年金に加入している人

●死亡したとき

遺族基礎年金	遺族厚生年金
	遺族基礎年金
死亡者が国民年金のみ加入していた場合	死亡者が厚生年金に加入していた場合

第4章　老齢基礎年金・老齢厚生年金

83

年金を請求しないとどうなる？

年金には**時効**があります。具体的には、年金を受ける権利の時効（**基本権**）と、年金の支給を受ける権利の時効（**支分権**）の2つの時効があり、ともに時効は5年です。

> ● 基本権の時効
> 老齢年金の時効 ➡ 支給開始年齢に達した日から5年で時効となり消滅
> 障害年金の時効 ➡ 障害認定日から5年で時効となり消滅
> 遺族年金の時効 ➡ 死亡日から5年で時効となり消滅

例えば、老齢年金の支給開始年齢から5年を過ぎて裁定請求書を提出した場合、基本権の時効は5年のため、本来ならば年金を受け取ることができません。しかし、それでは公的年金の役割を果たしたことにはならず、無年金者になってしまいます。そのため、5年を過ぎた後でも裁定請求書は受け取ってくれて、裁定もしてくれます。

ただし、支分権の時効は5年のため、さかのぼって受け取ることができる年金は過去5年分のみになります。

支給要件に該当した場合は、速やかに**裁定請求書**を提出しましょう。遅くとも消滅時効の5年になる前に請求することが大切です。

4-2

老齢年金とは

老齢年金は受給資格を満たした人が65歳になったら貰える年金ですが、自動的に貰えるわけではなく、自身で請求を行う必要があります。

◻︎ 老齢年金の貰い方

老齢年金には、国民年金の**老齢基礎年金**と厚生年金の**老齢厚生年金**があります。

どちらの年金も、受給要件を満たした場合、請求することにより、原則65歳から支給されます。公的年金は請求主義なので、65歳になったことにより、自動的に年金が支給されるわけではありません。支給開始年齢の3か月前に日本年金機構（共済組合）から**裁定請求書**（巻末資料参照）が送付されますので、忘れないように手続きしましょう。年金の繰下げを考えている人は、その旨を記入して提出します。

また、日本年金機構のHPでは「年金請求書（事前送付用）」について、記入方法を動画で案内しています。添付書類の確認も含め参考になります。

● 老齢基礎年金と老齢厚生年金をもらうためには……

老齢基礎年金の受給要件など	老齢厚生年金の受給要件など
① 受給資格期間（年金を受け取るために必要な期間）：保険料を納めた期間と保険料を免除された期間*1が合わせて**10年以上**あること。未納期間は含みません。 ② 支給開始年齢65歳	① 受給資格期間（年金を受け取るのに必要な期間）：老齢基礎年金の受給資格を満たしている*2こと。 ② 厚生年金の加入期間が1か月以上あること（ただし、特別支給の老齢厚生年金は、厚生年金の加入期間が1年以上であることが必要） ③ 支給開始年齢65歳

*1 1966年3月31日以前に、強制加入期間とされていなかった期間などいわゆる「合算対象期間」を含んで10年以上でも構いません。合算対象期間とは、本人の責任によらず、制度の仕組みによって年金制度に加入できなかった期間等について、不利益が生じないよう、受給資格期間の10年に算入するものです。ただし、年金額を計算する際には、計算には算入しません。

*2 老齢厚生年金は、老齢基礎年金に上乗せする形で支給されるものなので、老齢基礎年金の受給資格期間を満たしていることが要件になります。2章2-1で「年金は2階建て」と説明したように、1階の年金が貰えないと2階の年金は貰えません。

4-3 老齢基礎年金(国民年金)の受け取り方

老齢基礎年金は2階建ての1階部分の年金です。

🟩 老齢基礎年金の受給要件

老齢基礎年金は、いわゆる1階部分の年金で、国民年金の第1号被保険者、第2号被保険者または第3号被保険者であっても受け取ることができます。ただし、受け取るためには、受給要件を満たす必要があります。

● 老齢基礎年金の受給要件

| 原則 | 保険料納付済期間[*1] + 保険料免除期間 ≧ 10年 |
| 特例 | 保険料納付済期間[*2] + 保険料免除期間 + 合算対象期間 ≧ 10年 |

🟩 老齢基礎年金の年金額

老齢基礎年金は保険料が定額(令和6年度16,980円)のため、年金額も定額(令和6年度、昭和31年4月2日以後生まれの場合816,000円)になります。なお、支給は2か月に1回、偶数月の15日に支払われます。

> 老齢基礎年金の額 = 年金額(780,900円) × 改定率※
> ※改定率は毎年度変わるため、年金額も毎年度変わります。

● 令和6年度の改定率

| 昭和31年4月2日以後生まれ | 改定率1.045 |
| 昭和31年4月1日以前生まれ | 改定率1.042 |

---

*1 20歳から60歳になるまでの第2号被保険者および第3号被保険者の期間は、保険料納付済期間に含みます。
*2 未納期間は、受給要件の10年には算入しません。

4-3 老齢基礎年金（国民年金）の受け取り方

● **令和6年度の年金額（満額）**

昭和31年4月2日以後生まれ　780,900円 × 1.045 ＝ 816,000円（月額68,000円）

昭和31年4月1日以前生まれ　780,900円 × 1.042 ＝ 813,700円（月額67,808円）

満額の老齢基礎年金となるのは、保険料の納付期間が40年（480月）の場合です。免除期間がある場合は、次の計算式で年金額を計算します。

816,000円※ ×

※昭和31年4月2日以後生まれの人は816,000円、昭和31年4月1日以前生まれの人は813,700円で計算します。

計算するときの注意
- 平成21年3月分までの免除期間については、それぞれ次のように計算します。

  全額免除　　→　3分の1
  4分の1納付　→　2分の1
  半額納付　　→　3分の2
  4分の3納付　→　6分の5
- 免除期間について、あとから保険料を追納している期間は、保険料納付済期間に含みます。学生納付特例、納付猶予の期間は、保険料を追納していない場合、年金額には反映されません。
- 未納期間は年金額の計算には算入しません。

4-4

老齢厚生年金（厚生年金）の受け取り方

　老齢厚生年金は、いわゆる2階部分の年金で、厚生年金に加入していた人が貰える年金です。

◻ 老齢厚生年金とは

　老齢厚生年金には、2種類あり、65歳未満の老齢厚生年金と65歳以後の老齢厚生年金があります。

```
老齢厚生年金 ┬ 65歳未満の老齢厚生年金（特別支給の老齢厚生年金）
              └ 65歳以後の老齢厚生年金（本来の老齢厚生年金）
```

　年金制度は、1985年に大きく改正されました。それまで老齢厚生年金は**60歳**から支給されていましたが、平均寿命が延びて年金の受給期間が延びていること、将来世代の保険料負担の増大を抑えること、少子高齢化の進展を踏まえて、年金の受給開始年齢を**65歳**に引上げたのです。

　しかし、それまで60歳から支給していた老齢厚生年金をいきなり65歳に引上げるのは、国民の期待権を損なうことにもなります。そのため、経過措置として、段階的に支給開始年齢を引上げることにしたのです。**特別支給の老齢厚生年金**は、この経過措置による年金で、生年月日によって受給開始年齢などが異なります。そして将来的にはなくなってしまう年金です。

4-4 老齢厚生年金(厚生年金)の受け取り方

●特別支給の老齢厚生年金受給対象者

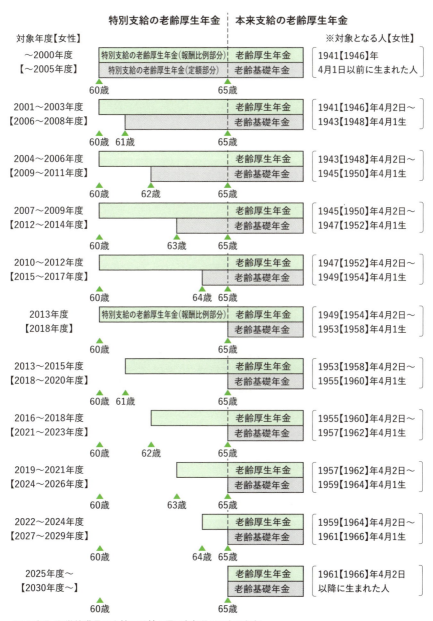

※公務員・私学教職員の女性は男性と同じ生年月日になります。
※1961年4月2日以後に生まれた男性と、1966年4月2日以後に生まれた女性には、特別支給の老齢厚生年金はありません。

4-4　老齢厚生年金(厚生年金)の受け取り方

> ●65歳未満の老齢厚生年金(特別支給の老齢厚生年金)の受給要件
> 1. 老齢基礎年金の受給要件(保険料納付済期間＋保険料免除期間＝10年以上)を満たしていること。合算対象期間を入れて10年でも構いません。
> 2. 厚生年金に**1年以上加入**していたこと。
> 3. 男性(公務員の女性を含む)の場合、昭和36年4月1日以前に生まれたこと。
> 4. 女性の場合、昭和41年4月1日以前に生まれたこと。

65歳以後の老齢厚生年金(本来の老齢厚生年金)の受給要件

> ●65歳以後の老齢厚生年金(本来の老齢厚生年金)の受給要件
> 1. 老齢基礎年金の受給要件(保険料納付済期間＋保険料免除期間＝10年以上)を満たしていること。合算対象期間を入れて10年でも構いません。
> 2. 厚生年金に**1か月以上**加入していたこと。

> **Check**　特別支給の老齢厚生年金は、あくまで経過措置のため、貰えない人もいます。それに対し、本来の老齢厚生年金は、生年月日に関係なく、上記の受給要件を満たした場合に65歳から支給されます。

老齢厚生年金の年金額

　老齢厚生年金額の中心は**「報酬比例部分」**です。報酬に比例するとは、報酬が高い人ほど保険料を多く支払っているため、年金額も多くなることを指します。逆に報酬が少ない人は保険料の支払いが少ないので、年金額は少なくなります。

　老齢厚生年金は、原則として報酬比例部分の額になりますが、当分の間は、特別支給の老齢厚生年金の定額部分の額よりも、国民年金の老齢基礎年金の額が少なくなります。そのため、その差額を**経過的加算額**として、報酬比例部分の額と合わせて支給します。また、要件に該当する扶養家族がいる場合は、**扶養手当**として加給年金額(第4章4-5で解説)が加算されます。

4-4 老齢厚生年金(厚生年金)の受け取り方

● 老齢厚生年金の年金額の内訳

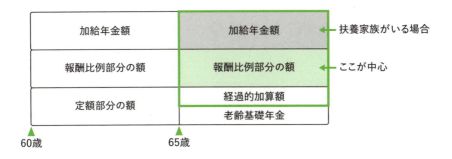

$$老齢厚生年金の額 = 報酬比例部分 + 経過的加算額 + 加給年金額$$

　報酬比例部分は、標準報酬が高く、厚生年金の加入期間が長い人ほど年金額が多くなります。報酬比例部分の計算式は次のとおりです。

● 報酬比例部分の計算式

$$2003年3月までの被保険者期間の平均標準報酬月額^{※1} \times \frac{7.125}{1000}^{※2} \times 2003年3月までの被保険者期間の月数$$

$$+$$

$$2003年4月以後の被保険者期間の平均標準報酬額^{※3} \times \frac{5.481}{1000}^{※2} \times 2003年4月以後の被保険者期間の月数$$

※1 過去の標準報酬月額を今の貨幣水準に見合った額に訂正した後、平均額を算出します。簡単にいうと、1か月あたりの給与の平均額です。賞与は含みません。
※2 1946年4月1日以前に生まれた人は率が異なります。
※3 過去の標準報酬月額と標準賞与額を今の貨幣水準に見合った額に訂正した後、平均額を算出します。簡単にいうと、賞与を含めた1か月あたりの平均額です。なお、賞与を入れると平均額が高くなるため、掛ける率を1000分の5.481に下げています。

4-5 老齢厚生年金の加給年金額とは？

　加給年金額とは、配偶者や子などの扶養家族がいる人に対し加算される年金の金額です。扶養手当と考えておくとよいでしょう。

加給年金額とは何か

　加給年金額は、厚生年金保険の被保険者期間が原則20年以上ある人が、65歳到達時点で、その人に生計を維持されている配偶者または子がいるときに加算されます。いわゆる**扶養手当**です。

　また、65歳到達後、被保険者期間が20年以上となった場合は、在職定時改定時、退職改定時（または70歳到達時）[*1]に生計を維持されている表の配偶者または子がいるときに加算されます。

　加給年金の額は、配偶者と1人目・2人目の子については、1年あたり各234,800円、3人目以降の子は各78,300円[*2]と決められています。また、配偶者の加給年金の額には、老齢厚生年金を受けている人の生年月日に応じて、34,700円から173,300円[*2]が特別加算されます。

●加給年金額の対象者

対象者	加給年金額	年齢制限
配偶者	234,800円	65歳未満であること （大正15年4月1日以前に生まれた配偶者には年齢制限はありません）
1人目・2人目の子	各234,800円	18歳到達年度の末日までの間の子 または1級・2級の障害の状態にある20歳未満の子
3人目以降の子	各78,300円	18歳到達年度の末日までの間の子 または1級・2級の障害の状態にある20歳未満の子

[*1] 在職定時改定時、退職改定時（または70歳到達時）第5章を参照。
[*2] どれも令和6年度の価額です。

Check 加給年金額の停止・終了

配偶者が20年以上厚生年金（被保険者期間が20年以上の場合に限る）を受け取る権利があるとき、または障害年金を受けられる間は、配偶者加給年金額は支給停止されます。この場合は扶養手当をつける必要はないと判断されるためです。

また、配偶者が65歳に達した場合、離婚、死亡などにより生計を維持されなくなったときは加算が終了します。子どもの場合は、18歳の年度末、または障害状態が1級（2級である子は20歳に達したとき）、死亡や婚姻したときなどに加算が終了します。

加給年金額と振替加算

夫（妻）が受けている老齢厚生年金や**障害厚生年金**＊に加算されている加給年金額の対象者になっている妻（夫）が65歳になると、それまで夫（妻）に支給されていた加給年金額が打ち切られます。このとき妻（夫）が老齢基礎年金を受けられる場合には、一定の基準により、妻（夫）自身の老齢基礎年金の額に加算がされます。これを**振替加算**といいます。ただし、大正15年4月2日から昭和41年4月1日までの間に生まれている人が対象です。

令和6年度の振替加算額は、年額で234,100円〜15,732円になります。年齢が若くなるごとに少なくなり、昭和41年4月2日以後生まれの人は支給されません。

●夫（厚生年金加入者）が年上のケースの振替加算

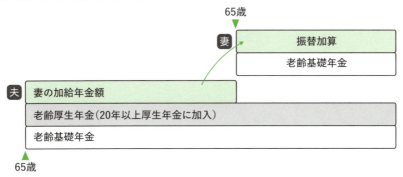

＊**障害厚生年金**　第7章を参照。障害厚生年金と加給年金については7-8で解説しています。

4-5 老齢厚生年金の加給年金額とは？

　また、妻（夫）が65歳より後に老齢基礎年金の受給権が発生した場合は、夫（妻）が受けている老齢厚生年金や障害厚生年金の加給年金額の対象者でなくても、一定の要件を満たしている場合に、妻（夫）自身の老齢基礎年金の額に加算がされます。

●妻（配偶者）が年上のケースの振替加算

第 **5** 章

老後の生活の要となる老齢年金

第4章で解説した老齢年金ですが、実際に受給する際の金額はいくらくらいになるのでしょうか？ また、お得に受け取る方法はあるのでしょうか。この章では老齢年金の受給額を増やす方法と注意点について解説します。

5-1

実際どのくらい貰える？
年金額を確認しよう

　年金は国民年金と厚生年金の2階建てになっており、その中の老齢・障害・遺族と3種の違いについてここまで学んできました。実際、私たちが貰える年金額はどのくらいなのでしょうか？

🟩 老齢年金の平均額は？

　令和5年12月に厚生労働省年金局が公表した令和4年度 厚生年金保険・国民年金事業の概況によると、以下の額が老齢年金の平均額となっています。

---

① 令和4年度末現在における第1号厚生年金保険（民間企業）の老齢給付の受給者の平均年金月額は、1階部分の<u>老齢基礎年金の額を含めて、老齢年金が14万5千円</u>。

② 国民年金の老齢基礎年金受給者の平均年金月額は、令和4年度末現在で5万6千円、令和4年度新規裁定者（68歳未満）で<u>5万4千円</u>となっている。
　老齢基礎年金（25年以上納付済み）の受給者の平均年金月額は、令和4年度末現在で<u>5万7千円</u>となっている。

　国民年金と厚生年金を合わせても平均年金月額が14万5千円、国民年金のみでは5万6千円という金額に驚かれた人もいるでしょう。以前、金融庁の金融審議会「市場ワーキング・グループ」が公表した報告書の中で、「老後20〜30年間で約1,300万円〜2,000万円が不足する」という試算が含まれており、<u>「老後2000万円問題」</u>として注目を集めた時期がありました。

　確かに、月々の年金額が少なかった場合は、それを補填することを考える必要があるでしょう。そこで、この章では、公的年金を増やす方法について確認していきます。

自分はいくら貰える？　ねんきん定期便で確認しよう

　日本年金機構では、毎年誕生月に、年金記録を記載した**「ねんきん定期便」**＊を送付しています。表のように、「ねんきん定期便」は年齢によって形式や記載される内容が異なります。

区分	送付形式	通知内容
50歳未満（35歳、45歳以外）	ハガキ	保険料納付額 月別状況（直近13月） 年金加入期間 これまでの加入実績に応じた年金額
50歳以上（59歳以外）	ハガキ	保険料納付額 月別状況（直近13月） 年金加入期間 老齢年金の種類と見込額
受給者（直近1年間に被保険者期間がある場合）	ハガキ	月別状況（直近13月） 保険料納付額 年金加入期間
35歳、45歳	封書	保険料納付額 年金加入期間 これまでの加入実績に応じた年金額 これまでの年金加入履歴 月別状況（全期間）
59歳	封書	保険料納付額 年金加入期間 老齢年金の種類と見込額 年金加入履歴 月別状況（全期間）

　「ねんきん定期便」には二次元コードが掲載してあり、スキャンして将来受け取る年金額を試算することができます。厚生労働省ホームページ内の、**「公的年金シミュレーター」**では、ユーザー登録なしで将来の年金額を簡易に試算できるほか、将来の年金額の試算結果データを自分のPCやスマートフォンに保存することができます。まずはこのどちらかにアクセスし、自分の年金額を確認してみましょう。

＊**ねんきん定期便**　年齢に応じて、日本年金機構から誕生日月に郵送されます。巻末資料も参考にしてください。

年金額を増やす方法①
繰下げ制度を利用する

「年金が少なくて暮らしていけない！」と慌てる前に、年金に関する制度を確認しておきましょう。制度を上手に活用すれば、年金を増やすことも可能です。

■ 老齢年金の繰下げ制度とは？

　老齢基礎年金、老齢厚生年金ともに支給開始年齢は65歳です。「**繰下げ制度**」とは、この開始年齢を遅らせて、66歳以後75歳までの間で繰下げて増額した年金を受け取るというものです。支給開始を遅らせることで受給期間を短くし、受け取れる年金額を多くするというものです。老齢基礎年金・老齢厚生年金のどちらか一方のみ繰下げすることも可能で、増額は生涯続きます。

■ 繰下げ制度で増額される金額は？

　繰下げ受給をした場合の加算額は、老齢基礎年金の額（第4章4-3参照）から振替加算額（第4章4-5参照）を引いた額、および老齢厚生年金の額（第4章4-5参照）から加給年金額（第4章4-5参照）を引いた額に、下記の増額率（1か月あたり0.7％）を乗じて計算します。

　ただし、65歳以後に厚生年金保険に加入していた期間がある場合や、70歳以後に厚生年金保険の適用事業所に勤務していた期間がある場合に、在職老齢年金制度（第5章5-6参照）により支給停止される額は増額の対象になりません。

> 増額率（最大84％）[※1]
> ＝ 0.7％ × 65歳に達した月[※2]から繰下げ申出月の前月までの月数[※3]

※1　昭和27年4月1日以前生まれの人（または平成29年3月31日以前に老齢基礎（厚）年金を受け取る権利が発生している人）は、繰下げの上限年齢が70歳までとなり、増額率は最大で42％となります。

5-2 年金額を増やす方法① 繰下げ制度を利用する

※2 65歳に達した日は、65歳の誕生日の前日になります。
　（例）4月1日生まれの方が65歳に達した日は、誕生日の前日の3月31日となります。
※3 65歳以後に年金を受け取る権利が発生した場合は、年金を受け取る権利が発生した月から繰下げ申出月の前月までの月数で計算します。

●繰下げ増額率早見表

請求時の年齢	0カ月	1カ月	2カ月	3カ月	4カ月	5カ月	6カ月	7カ月	8カ月	9カ月	10カ月	11カ月
66歳	8.4%	9.1%	9.8%	10.5%	11.2%	11.9%	12.6%	13.3%	14.0%	14.7%	15.4%	16.1%
67歳	16.8%	17.5%	18.2%	18.9%	19.6%	20.3%	21.0%	21.7%	22.4%	23.1%	23.8%	24.5%
68歳	25.2%	25.9%	26.6%	27.3%	28.0%	28.7%	29.4%	30.1%	30.8%	31.5%	32.2%	32.9%
69歳	33.6%	34.3%	35.0%	35.7%	36.4%	37.1%	37.8%	38.5%	39.2%	39.9%	40.6%	41.3%
70歳	42.0%	42.7%	43.4%	44.1%	44.8%	45.5%	46.2%	46.9%	47.6%	48.3%	49.0%	49.7%
71歳	50.4%	51.1%	51.8%	52.5%	53.2%	53.9%	54.6%	55.3%	56.0%	56.7%	57.4%	58.1%
72歳	58.8%	59.5%	60.2%	60.9%	61.6%	62.3%	63.0%	63.7%	64.4%	65.1%	65.8%	66.5%
73歳	67.2%	67.9%	68.6%	69.3%	70.0%	70.7%	71.4%	72.1%	72.8%	73.5%	74.2%	74.9%
74歳	75.6%	76.3%	77.0%	77.7%	78.4%	79.1%	79.8%	80.5%	81.2%	81.9%	82.6%	83.3%
75歳	84.0%											

●例　70万円の老齢基礎年金を繰下げた場合の年金額

繰下げた年齢	繰下げた月数	増額率	支給率	老齢基礎年金の額
66歳0か月	12月	8.4%	108.4%	758,800円
70歳0か月	60月	42%	142%	994,000円
75歳0か月	120月	84%	184%	1,288,000円

繰下げ受給の損益分起点はいつ？

　繰下げで得をするのは、繰下げてからおよそ11年11か月以降になります。例えば、70歳0か月で繰下げた場合には、81歳11か月で、75歳0か月で繰下げた場合には、86歳11か月で、年金額の累計が原則どおり受け取る年金額の合計を逆転（多くなり）します。

　つまり、長生きをしないと繰下げのメリットを享受することはできません。平均寿命は女性のほうが長いので、一般的に女性のほうが繰下げの恩恵を受けやすいことになります。

●繰下げ受給と本来受給の合計額が逆転する年齢

繰下げ受給開始年齢	66歳0か月	67歳0か月	68歳0か月	70歳0か月	75歳0か月
年金額の累計が逆転する年齢	77歳11か月	78歳11か月	79歳11か月	81歳11か月	86歳11か月

※この年齢を超えて生きると、繰下げたほうが得！ になります

繰下げの申出をする場合の7つの注意点

1. 加給年金額や振替加算額は増額の対象になりません。また、繰下げ待機期間（年金を受け取っていない期間）中は、加給年金額や振替加算を受け取ることができません。
2. 65歳に達した時点で老齢基礎年金を受け取る権利がある場合、75歳に達した月（75歳の誕生日の前日の属する月）を過ぎて請求を行っても増額率は増えません。つまり、10年以上待っても増額率は増えないということです。そのため、増額された年金は、75歳までさかのぼって決定されて支払われます。昭和27年4月1日以前に生まれた人は、70歳に達した月までとなります。
3. 日本年金機構と共済組合等から複数の老齢厚生年金（退職共済年金）を受け取ることができる場合は、すべての老齢厚生年金について同時に繰下げ受給の請求をしなくてはいけません。

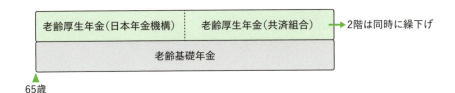

4. 65歳の誕生日の前日から66歳の誕生日の前日までの間に、障害給付や遺族給付を受け取る権利があるときは、繰下げ受給の申出ができません。ただし、「障害基礎年金」のみ受け取る権利のある人は、老齢厚生年金の繰下げ受給の申出ができます。
5. 66歳に達した日以後の繰下げ待機期間中に、他の公的年金の受給権（配偶者が死亡して遺族年金が発生した場合など）を得た場合には、その時点で増額率が固定され、年金の請求の手続きを遅らせても増額率は増えません。このとき、増額された年金は、他の年金が発生した月の翌月分から受け取ることができます。
6. 老齢年金は雑所得になり、年金生活者支援給付金、医療保険・介護保険等の自己負担や保険料、税金が増える可能性があります。
7. そもそも年金の受給を遅らせるということは、その間、別途収入があることが必要です。

知ってトクする！　プラスで受け取る方法

　加給年金額や振替加算額は増額の対象になりません。また、繰下げ待機期間（年金を受け取っていない期間）中は、加給年金額や振替加算を受け取ることができません。そこで、厚生年金だけを繰下げたり、国民年金だけを繰下げることにより、加給年金額または振替加算を受け取る方法があります。

5-2　年金額を増やす方法①　繰下げ制度を利用する

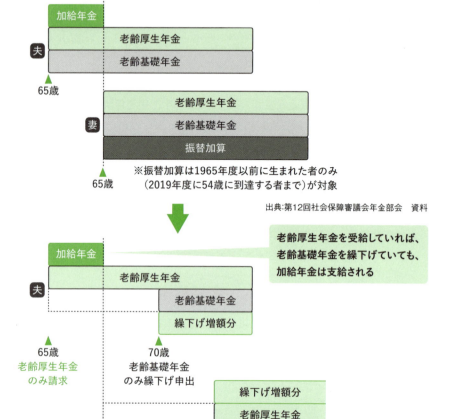

夫が加給年金額を受給するためには、老齢厚生年金を繰下げず受給し、老齢基礎年金だけを繰下げます。

出典：第12回社会保障審議会年金部会　資料

- 前のパターンで夫が加給年金額を受給するためには、老齢厚生年金を繰下げず受給し、老齢基礎年金だけを繰下げます。
- 前のパターンで妻が振替加算を受給するためには、老齢基礎年金を繰下げず、老齢厚生年金だけを繰下げます。

繰下げするつもりでいたけれど……

　繰下げを希望して65歳時点では年金の請求を行わなかったけれど、急にお金が必要となってしまった……という場合もあります。こうした理由により、実際の年金の請求時に繰下げ申出をせず、65歳到達時点の本来の年金をさかのぼって請求し、一時金として受け取ることができます。

　ただし、過去分の年金を一括して受給することにより、過去にさかのぼって医療保険・介護保険の自己負担や保険料、税金などに影響する場合があります。

●例　65歳で老齢厚生年金、老齢基礎年金の受給権が発生したケース

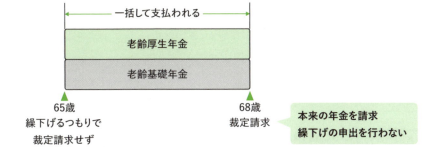

5-3

年金額を増やす方法②
付加保険料をプラスする

国民年金の保険料にプラスして支払う「付加保険料」を納めて、年金額を降らす方法があります。納め方と注意点を解説します。

◧ 付加保険料とは？

「付加保険料」とは、第1号被保険者および65歳未満の任意加入被保険者が国民年金の保険料にプラスして納める保険料です。

第1号被保険者の人は、1階部分の老齢基礎年金しか受け取ることができません。そこで、付加保険料を納めることで付加年金を受け取ることができる制度があります。

ただし、保険料の免除（産休免除を除く）を受けている人や国民年金基金に加入している場合は、付加保険料を納めることができません。

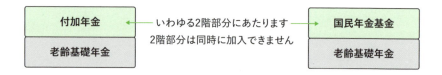

◧ 付加保険料の支払い方と金額は？

付加保険料を支払いたい場合は、居住地の市区町村で申出を行うことができます。1か月の保険料は400円で、保険料に上乗せして徴収されます。また、申出によって、いつでも納付を辞めることができます。

付加保険料を納付した場合、将来老齢基礎年金を受け取るときに、付加年金も支給されます。付加年金は次の式で計算した額となります。

●付加年金の額

> 付加年金の額 ＝ 200円 × 付加保険料納付済期間の月数
>
> **40年（480月）付加保険料を納付した場合**
>
> 保険料の総額は、400円 × 480月 ＝ 192,000円
> 付加年金額は1年あたり 200円 × 480月 ＝ 96,000円　2年分の合計192,000円

　つまり、2年間付加年金を受け取れば、40年分の保険料の元が取れることになり、お得な年金です。また、付加年金は老齢基礎年金の支給と連動しているため、老齢基礎年金の支給繰上げまたは支給繰下げと同じ率で減額あるいは増額されることになります。

解説　付加保険料納付の手続き

　付加保険料の納付はいつでも申請できます。納付は、申出をした日の属する月から開始します（支払いは翌月末）。

☑ 届出書類	国民年金付加保険料納付申出書
☑ 届出先	市区町村または年金事務所
☑ 届出方法	窓口持ち込み、または郵送、または電子申請
☑ 必要書類	マイナンバーカード、またはマイナンバーが確認できる書類と身分証
☑ 注意点	付加保険料の納付をやめる場合は「国民年金付加保険料納付辞退申出書」を同様に提出します。その場合、申出を行った月の前月から納付停止となります。

5-4

年金額を増やす方法③
60歳から国民年金に任意加入する

　会社員の場合は、退職後に国民年金に加入する手もあります。年金の納付済み期間を長くして年金額を増やす方法です。

■ 退職後は国民年金に加入すべき？

　老齢基礎年金は、40年間保険料を納めることで、満額の老齢基礎年金を受け取ることができます。逆にいえば、40年なければ年金額は減少します。そこで、60歳から国民年金に任意加入して国民年金の保険料を納めることで、納付済期間を40年にして年金額を増やすことができます。

●定年退職後、国民年金に加入すると……

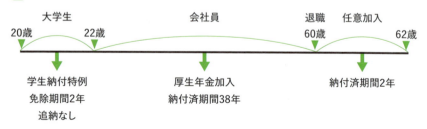

　この場合は納付済期間が40年となり、老齢基礎年金は満額を受け取ることができます。ただし、国民年金の第2号被保険者である間は国民年金に任意加入できません。

●定年後、再雇用で働く場合は？

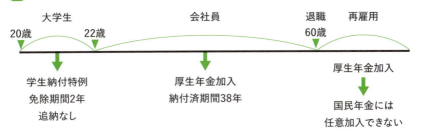

例　大卒後60歳まで会社に所属し、退職後に再雇用で厚生年金に加入し続ける場合

　上記のケースでは、国民年金に任意加入することはできませんが、厚生年金の加入期間が長くなるため、老齢厚生年金の額を増やすことができます。
　国民年金の任意加入の要件や手続きについては、第2章2-3で解説しています。

注意！ 年金が減ってしまうケース
―老齢年金の支給繰上げ―

　ここまでは、年金額を増やす方法についてお話しましたが、年金額が減額されるケースもあります。それは、年金の支給開始年齢を繰上げる場合です。

受給を繰上げると年金は減る？

　年金の支給開始年齢は原則65歳ですが、5-2では支給開始年齢を遅らせる「繰下げ制度」を紹介しました。それとは逆に、支給開始年齢を60歳から65歳になるまでの間に早めて年金を受け取れる**「繰上げ制度」**もあります。

　ただし、繰上げ受給の請求をした時点に応じて年金が減額され、その減額率は一生変わりません。なお、原則として老齢基礎年金と老齢厚生年金は同時に繰上げ請求をする必要があります。

●繰上げと繰下げの請求の違い

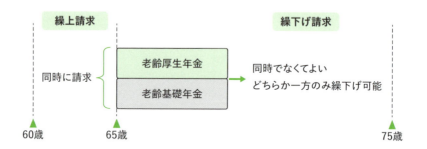

減額される額はどのくらい？

　繰上げにより減額される年金額は、老齢基礎年金の額(第4章4-3参照)から振替加算額(第4章4-5参照)を引いた額、および老齢厚生年金の額(第4章4-4参照)から加給年金額(第4章4-5参照)を除いた額に、下記の減額率を乗じることにより計算します。

5-5 注意！ 年金が減ってしまうケース ―老齢年金の支給繰上げ―

> 減額率（最大24％）
> = 0.4％[※1] × 繰上げ請求月から65歳に達する日の前月までの月数[※2]
> ※1 昭和37年4月1日以前生まれの人の減額率は、0.5％（最大30％）となります。
> ※2 65歳に達した日は、65歳の誕生日の前日になります。

●繰上減額率早見表

昭和37年4月2日以降生まれの方（ひと月あたりの減額率0.4％）

請求時の年齢	0カ月	1カ月	2カ月	3カ月	4カ月	5カ月	6カ月	7カ月	8カ月	9カ月	10カ月	11カ月
60歳	24.0%	23.6%	23.2%	22.8%	22.4%	22.0%	21.6%	21.2%	20.8%	20.4%	20.0%	19.6%
61歳	19.2%	18.8%	18.4%	18.0%	17.6%	17.2%	16.8%	16.4%	16.0%	15.6%	15.2%	14.8%
62歳	14.4%	14.0%	13.6%	13.2%	12.8%	12.4%	12.0%	11.6%	11.2%	10.8%	10.4%	10.0%
63歳	9.6%	9.2%	8.8%	8.4%	8.0%	7.6%	7.2%	6.8%	6.4%	6.0%	5.6%	5.2%
64歳	4.8%	4.4%	4.0%	3.6%	3.2%	2.8%	2.4%	2.0%	1.6%	1.2%	0.8%	0.4%

●例　70万円の老齢基礎年金を繰上げた場合の年金額

繰上げた年齢	繰上げた月数	減額率	支給率	老齢基礎年金の月額
60歳0か月	60月	24%	76%	532,000円
63歳0か月	24月	9.6%	90.4%	632,800円
64歳6か月	6月	2.4%	97.6%	683,200円

　繰上げ受給をしてしまうと、減額された年金額で一生受け取ることになります。一度繰上げ請求してしまうと、取り消すことや変更することはできません。

　年金額の累計は、繰上げた場合と繰上げなかった場合とで、繰上げてからおよそ20年10か月で同額になります。例えば、60歳0か月で繰上げた場合は、80歳10か月を超えた時点で、原則どおり65歳から受け取った場合の額とほぼ同額となり、それ以上長生きをすれば、繰上げないで65歳から受給したほうが得だった

5-5　注意！　年金が減ってしまうケース　―老齢年金の支給繰上げ―

ということです。

●繰上げ受給と本来受給の合計額が逆転する年齢

繰上げ受給開始年齢	60歳0か月	61歳0か月	62歳0か月	63歳0か月	64歳0か月
年金額の累計が逆転する年齢	80歳11か月	81歳11か月	82歳11か月	83歳11か月	84歳11か月

※この年齢を超えて生きるなら、65歳から受給するほうが得！になります

繰上げの請求をする場合の6つの注意点

　ここまでの説明を振り返って、繰下げ受給と繰上げ受給を比較してみると、「そこまで長生きはしないだろうから、繰上げてもいいかな」と思う人もいるかもしれません。ただし、繰上げ受給には次の注意点があります。

1. 老齢年金を繰上げ請求すると、国民年金の任意加入や、保険料の追納はできなくなります。
2. **共済組合加入期間**がある場合、共済組合から支給される老齢年金についても、原則同時に繰上げ請求することとなります。
3. 65歳になるまでの間、雇用保険の基本手当や高年齢雇用継続給付が支給される場合は、老齢厚生年金の一部または全部の年金額が支給停止となります（老齢基礎年金は支給停止されません）。
4. 繰上げ請求した老齢年金は、65歳になるまでの間、**遺族厚生年金**や**遺族共済年金**などの他の年金と併せて受給できず、いずれかの年金を選択することになります。
5. 繰上げ請求した日以後は、国民年金の**寡婦年金**は支給されません。寡婦年金を受給中の人は、寡婦年金の権利がなくなります。
6. 繰上げ請求した日以後は、事後重症などによる**障害基礎(厚生)年金**を請求することができません。そのため、治療中の病気や持病がある人は注意が必要です。

5-5 注意！ 年金が減ってしまうケース —老齢年金の支給繰上げ—

　このように、繰上げ支給の老齢年金は、年金額が減額されるだけでなく、ほかにもさまざまな制約が出てきます。ちなみに、2023(令和5)年の日本人の平均寿命は、男性が81.09歳、女性が87.14歳です。医療技術の向上などを考えるとさらに延びる可能性もあります。
　繰上げ請求を検討する場合は、その点も理解したうえで判断する必要があるでしょう。

5-6

働きながら年金を受け取るとどうなる？ ―在職老齢年金―

会社員や公務員として働きながら年金を受け取れば、収入の不安はなくなると考える人も多いでしょう。しかし、実際はどうなるのでしょうか？

■ 働いていると年金は減る！

近年、65歳以後も働いている人が多くいます。人材不足の中、企業にとって高齢者は貴重な人材であると同時に、高齢者も働き続けたいという希望を持っている人が多いのです。しかし、働きながら年金を受け取ると、年金が支給停止になったり、減額されてしまったりします。これを**「在職老齢年金」**といいます。

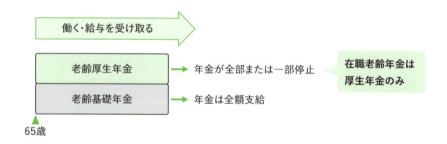

■ 在職老齢年金とは？

老齢厚生年金を受給している人が厚生年金保険の被保険者であるときに、受給している老齢厚生年金の**基本月額**＊と**総報酬月額相当額**＊に応じて、年金額が全部または一部支給停止となる場合があります。なお、70歳以降も厚生年金適用事業所で働いている場合は、厚生年金保険の被保険者ではありませんが、在職による支給停止が行われます。

＊**基本月額**　　　　加給年金額を除いた老齢厚生年金（報酬比例部分）の月額
＊**総報酬月額相当額**　（その月の標準報酬月額）＋（その月以前1年間の標準賞与額の合計）÷12

5-6 働きながら年金を受け取るとどうなる？ ―在職老齢年金―

●在職老齢年金の計算方法のフローチャート

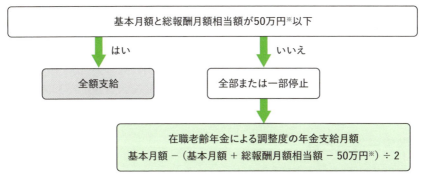

※50万円は令和6年度の支給停止調整額

●計算例

老齢厚生年金額　120万円〔基本月額10万円〕
総報酬月額相当額※が42万円の場合
　　　　　※標準報酬月額32万円、標準賞与額120万円〔月額10万円〕と仮定
老齢厚生年金額　月額6万円

- 基本月額　120万円 ÷ 12 ＝ 10万円
- 基本月額と総報酬月額相当額の合計額が50万円を超えます。

　　・支給停止額 ＝（42万円 ＋ 10万円 － 50万円）÷ 2 ＝ 1万円

　　・年金支給額 ＝ 10万円 － 1万円 ＝ 9万円

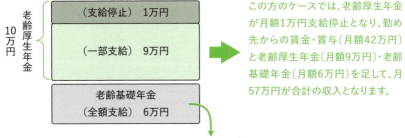

この方のケースでは、老齢厚生年金が月額1万円支給停止となり、勤め先からの賃金・賞与〔月額42万円〕と老齢厚生年金〔月額9万円〕・老齢基礎年金〔月額6万円〕を足して、月57万円が合計の収入となります。

※ 在職による支給停止は老齢厚生年金に対して行われるもので、老齢基礎年金は支給停止の対象とはなりません。

5-6 働きながら年金を受け取るとどうなる？ —在職老齢年金—

加給年金額が加算されている場合

老齢厚生年金に加給年金額が加算されている場合、加給年金額を除いて在職老齢年金を計算します。なお、加給年金額の支給は、以下のとおりです。

・老齢厚生年金が支給（一部支給）される場合➡加給年金額は全額支給
・老齢厚生年金が全額支給停止される場合➡加給年金額も全額支給停止

在職定時改定とは

　65歳以降も働き厚生年金に加入している場合、毎月保険料が徴収されます。すでに年金を受け取っているのに、いまさら保険料を納めたくないと考えている人もいるのではないでしょうか。しかし、65歳以降に徴収された保険料は決して掛け捨てになるのではなく、年金額の計算に算入されています。

　具体的には、毎年9月1日（**基準日**といいます）において、被保険者である老齢厚生年金の受給者の年金額について、前年9月から当年8月までの被保険者期間を算入し、基準日の属する月の翌月（毎年10月）分の年金から改定されます。これを「**在職定時改定**」といいます。在職定時改定の対象者となるのは65歳以上70歳未満の老齢厚生年金の受給者となります。

●在職定時改定の仕組み

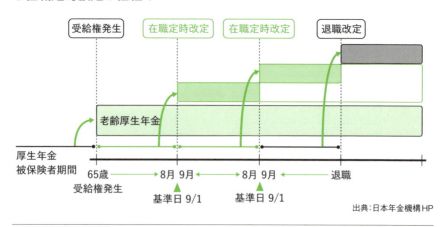

出典：日本年金機構HP

🟩 退職改定とは

　厚生年金に加入しながら老齢厚生年金を受けている70歳未満の人が、退職して1か月を経過したときは、退職した翌月分の年金額から見直されます。これを**「退職改定」**といいます。

　また、厚生年金に加入しながら老齢厚生年金を受けている70歳未満の人が、70歳に到達したときは、70歳に到達した翌月分の年金額から見直されます。

5-7

年金の併給調整
―1人1年金の原則と例外―

　公的年金は「1人1つの支給」というのが原則です。ここでは原則と例外について解説していきます。

◯年金は原則1人1種類

　公的年金では、支給事由（老齢・障害・遺族）が異なる2つ以上の年金を受けられるようになったときは、**原則、いずれか1つの年金を選択**することになります。

　公的年金制度は2階建て構造になっており、基礎年金に上乗せして厚生年金（共済年金）が支払われる制度であるため、同じ支給事由（老齢・障害・遺族）で受けとれる「老齢基礎年金と老齢厚生年金」、「障害基礎年金と障害厚生年金」、「遺族基礎年金と遺族厚生年金」などは、1つの年金とみなされ、合わせて受けることができます。

●公的年金の給付の種類

1つの年金とみなされて、合わせて受け取ることができます

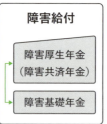

◯支給事由が異なる2つ以上の年金はいずれか1つを選択

　支給事由が異なる2つ以上の年金を受けられる権利を持っているときは、本人がいずれか1つの年金を選択することになります。

● 例　障害と老齢、障害と遺族

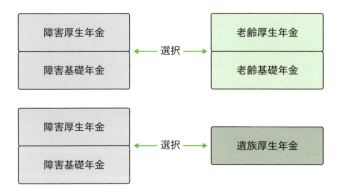

　また、同じ支給事由であっても2つ以上の基礎年金または2つ以上の厚生年金を受けられるときは、いずれか1つの年金を選択することになります。

　例えば、夫（配偶者）を亡くして夫の遺族厚生年金を受給していた妻が、子が亡くなったことにより新たに子の遺族厚生年金を受けられるようになったとしても、両方合わせて受け取ることはできません。いずれかの遺族年金を選択することになります。

●同じ支給事由の年金を2つ受け取ることはできない

■特例的に支給事由が異なる2つ以上の年金を受けられる場合とは？

65歳以後は、特例的に支給事由が異なる2つ以上の年金を受けられる場合があります。

●1. 老齢基礎年金と遺族厚生年金

65歳以上で老齢基礎年金を受けている人が、遺族厚生年金を受けられるようになったときは、2つ合わせて受けることができます。この組み合わせで多いのは、自分自身の老齢基礎年金と、配偶者の死亡による遺族厚生年金を受け取るというパターンです。

●2. 老齢厚生年金と遺族厚生年金

65歳以上で老齢厚生年金と遺族厚生年金を受ける権利がある人は、厚生年金の保険料掛け捨てに配慮して、老齢厚生年金が満額支給されることになります。遺族厚生年金の年金額が老齢厚生年金よりも高い場合には、その差額を受けることができます。

なお、遺族厚生年金より老齢厚生年金の年金額が高い場合は、遺族厚生年金は全額支給停止になります。

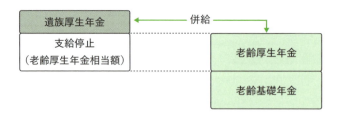

●3. 障害給付と老齢給付

　障害基礎(厚生)年金を受けている人が、老齢基礎年金と老齢厚生年金を受けられるようになったときは、65歳以後、次のいずれかの組み合わせを選択することができます。障害基礎年金と老齢基礎年金の2つの基礎年金を合わせて受けることはできません。

●障害給付と老齢給付の組み合わせ例

●4. 障害給付と遺族給付

　障害基礎(厚生)年金を受けている人が、遺族厚生年金を受けられるようになったときは、65歳以後、次のいずれかの組み合わせを選択することができます。

●障害給付と遺族給付の組み合わせ例

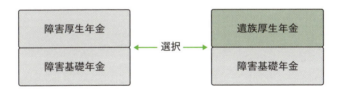

図版参考：日本年金機構HP

第6章

年金の離婚分割とは

　離婚した場合に、夫婦で受け取る年金を分割する方法があります。手続き自体は離婚後に行うものですが、離婚前から情報を提供して貰い確認できる点はあります。この章では、分割する方法や分割の要件などについて説明しています。離婚の手続きは大変で、加えてさらに年金分割の手続きが増えることにはなりますが、知っておいて損はないでしょう。

6-1

年金の離婚分割

　離婚した際に、条件に該当する場合は一方または双方からの請求により、婚姻期間中の年金を分割することができます。

■ 年金の離婚分割とは

　夫婦が離婚した場合、一方の配偶者は他方の配偶者の老齢厚生年金（障害厚生年金を含みます）の分割を求めることができます。これを「**離婚時の年金分割**」といいます。離婚時の年金分割は、法律婚だけでなく事実婚も対象となる場合もあります。

　年金分割は国民年金の基礎年金については行われません。これは、基礎年金はすべての国民に支給されるもので、個人単位の年金であるからです。

■ 年金分割の方法

　年金分割は、直接年金額を分割するのではなく、標準報酬の移し替えによる「**標準報酬の改定**」＊によって行われます。

　具体的には、分割される側の標準報酬を減額改定し、分割を受ける側の標準報酬をその分増額します。そして、改定後の標準報酬額に基づいて、老齢厚生年金（報酬比例部分）の額を計算するというものです。

　分割の方法は、2種類あり、「**合意分割**」と「**3号分割**」があります。

＊**標準報酬**　標準報酬月額と標準賞与額の総称。基本給のほか、労働の対償として支給されるもの。第2章2-6参照。

① 夫婦のどちらか、または両方が第2号被保険者

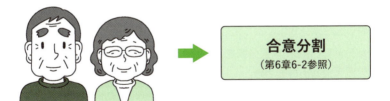

② 夫婦のどちらかが第3号被保険者

③ ①と②両方の期間がある

例 夫が公務員、妻が専業主婦だったが、妻がその後会社員になった

6-2

離婚分割の方法①
合意分割

　合意分割は、原則、年金分割を行うこと、および按分割合(後述)について夫婦が合意している場合の分割です。

■ 合意分割とは

　合意分割とは、2007年4月1日以後に離婚などをし、以下の条件に該当したときに、婚姻期間中の厚生年金記録(標準報酬月額・標準賞与額)を当事者間で分割することができる制度です。

> ● 合意分割の条件
> - 当事者双方の合意により**按分割合**を定めたこと。
>   合意がまとまらない場合は、当事者の一方の求めにより、裁判所が按分割合を定めることができる。
> - 請求期限(原則、離婚等をした日の翌日から起算して2年以内)を経過していないこと。
> - 分割対象期間は、2007年4月1日前を含む結婚から離婚までの婚姻期間とする。

　なお、「離婚など」とあるのは、事実婚の解消も対象となるためです。その場合は、当事者の一方である国民年金の第3号被保険者がその被保険者資格を喪失し、当該事実が解消したと認められる場合に限ります。

6-2 離婚分割の方法① 合意分割

●合意分割のイメージ図（共働き・夫が年上のケース）

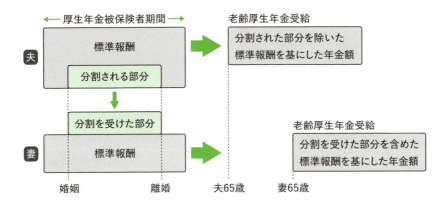

按分割合とは？

按分割合とは、分割対象となる婚姻期間中における当事者双方の標準報酬月額・標準賞与額の合計額のうち、分割を受けることによって増額される側の、分割後の持ち分割合です。上限は**50%**で、下限は以下の計算式で算出します。

●按分割合の上限・下限

$$上限 = 2分の1（50\%） \qquad 下限 = \frac{分割を受ける側の標準報酬}{当事者の標準報酬の合計額}$$

●計算例

婚姻期間中の標準報酬総額　夫6000万円、妻4000万円の場合

$$下限は、\frac{4000万円}{6000万円+4000万円} = \frac{4}{10}$$

つまり**40%**となります。

したがって、按分割合は、40%を超え50%以内の範囲で決めることになります。

実際には、按分割合を50%にするケースが多いです。上の例で、仮に按分割合

6-2 離婚分割の方法① 合意分割

を50％で合意した場合の図です。夫婦の標準報酬の合計1億円を50％ずつに分割することに合意したことになります。

● 按分割合を50％にした例

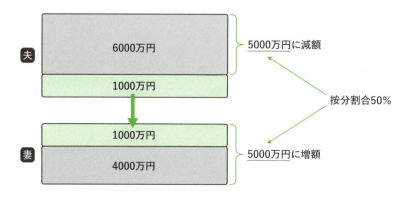

離婚分割の手続き　―まずは情報請求から―

按分割合を定めるためには、当事者は分割の対象となる期間やその期間における当事者それぞれの標準報酬月額・標準賞与額、按分割合を定めることができる範囲などの情報を正確に把握する必要があります。

このため、日本年金機構では、当事者双方または一方からの請求により、合意分割を行うために必要な情報（「情報通知書」）を提供しています。この情報を基に夫婦で話し合って按分割合を合意していくことになります。

なおこの請求は、合意分割の請求期限内に行う必要があります。

離婚後でも分割の請求は可能？

情報通知書の請求は、離婚の前でも後でも行うことができます。

離婚するにあたって、将来の生活に不安を感じる人もいるでしょう。情報提供の請求は離婚前でもできるので、将来自分がどのくらいの年金を受け取ることができるかを知ることにより、離婚後の生活をイメージすることができます。

ただし、年金を受け取るのは65歳以後になることも忘れないでおきましょう。

6-2　離婚分割の方法①　合意分割

　また、離婚前に当事者の一方が相手側の情報提供を請求した場合も、通知は請求した本人に送られてくるため、相手側に情報提供請求をしたことを知られる心配はありません。

　情報提供請求の手続きは**「年金分割のための情報提供請求書」**に、必要な書類を添えて居住地の管轄する年金事務所に提出します。添付書類は日本年金機構のHPから確認できます。

按分割合が決まったら、合意分割の請求を！

　合意分割の請求は、離婚をした後、原則2年以内に行います。「標準報酬改定請求書」に、必要な書類を添えて居住地を管轄する年金事務所に提出します。

　すでに老齢厚生年金または障害厚生年金を受けている人の年金分割については、年金分割の請求をした月の翌月分から年金額が変更されます。

年金分割のための情報提供請求の手続き

請求書は、日本年金機構のホームページからダウンロードできるほか、年金事務所でも受け取ることができます。

- ☑ **届出書類**　年金分割のための情報提供請求書

- ☑ **届出先**　居住地の年金事務所

- ☑ **届出方法**　窓口持ち込み、または郵送

- ☑ **届出期間**　標準報酬改定請求前まで（離婚前でも請求は可能）

- ☑ **必要書類**　マイナンバーカードなどの身分証、夫婦の身分関係（婚姻期間等）を明らかにできる戸籍謄本、夫婦双方の戸籍抄本、戸籍の全部事項証明書またはそれぞれの戸籍の個人事項証明書

- ☑ **注意点**　事実婚関係にあった場合の添付書類は、年金事務所に問合せること。

6-2 離婚分割の方法① 合意分割

標準報酬改定請求の手続き

請求書は、日本年金機構のホームページからダウンロードできるほか、年金事務所でも受け取ることができます。

☑ 届出書類	標準報酬改定請求書
☑ 届出先	居住地の年金事務所
☑ 届出方法	窓口持ち込み、または郵送
☑ 届出期間	原則、離婚をした後2年以内
☑ 必要書類	マイナンバーカードなどの身分証、夫婦の身分関係（婚姻期間等）を明らかにできる戸籍謄本、夫婦双方の戸籍抄本、戸籍の全部事項証明書またはそれぞれの戸籍の個人事項証明書、按分割合について合意したことの証明としての公正証書の謄本（もしくは抄本謄本など）
☑ 注意点	添付書類については、郵送で請求する場合と、当事者またはその代理人が年金事務所に直接書類を持参して請求する場合で異なります。また、裁判所において按分割合を決めた場合は別添書類が必要です。 添付書類は多岐にわたるので、請求する際には、事前に年金事務所に問合せをするほうがよいでしょう。

6-3

離婚分割の方法②
3号分割

夫婦のどちらかが国民年金の第3号被保険者であった期間の相手の標準報酬を2分の1に分割するものです。相手の合意は不要です。

3号分割とは

2008年5月1日以後に離婚などをし、国民年金の第3号被保険者であった人からの請求により、2008年4月1日以後の婚姻期間中の第3号被保険者期間における相手方の厚生年金記録(標準報酬月額・標準賞与額)を2分の1ずつ、当事者間で分割することができる制度です。

3号分割の制度は、国民年金第3号被保険者を有する厚生年金の被保険者が負担した保険料について、夫婦共同で負担したものであるという基本認識のもとに婚姻期間中の標準報酬を2分の1に改定し年金額を分割する制度です。そのため、夫婦の合意は必要とせず、標準報酬改定請求をすることができるのは、第3号被保険者のみになります。

●3号分割のイメージ図(夫が年上の場合)

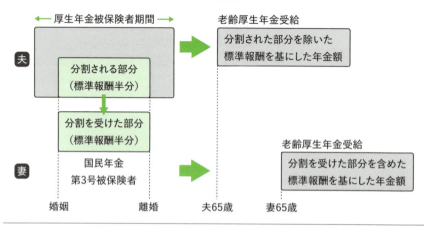

3号分割の請求期限は、合意分割同様、原則、離婚等をした日の翌日から起算して**2年以内**になります。また、分割できる期間は2008年4月1日以後の婚姻期間に限られます。この期間を**特定期間**といいます。

分割請求の期限

　原則として、次に掲げる事由に該当した日の翌日から起算して2年以内です。
1. 離婚をしたとき※
2. 婚姻の取り消しをしたとき※
3. 事実婚関係にある方が国民年金第3号被保険者資格を喪失し、事実婚関係が解消したと認められるとき
4. 分割対象期間は2008年4月1日以後の婚姻期間（特定期間といいます）に限る

※事実婚関係にある当事者が婚姻の届出を行い引き続き婚姻関係にあったが、その後1または2の状態に該当した場合、1または2に該当した日の翌日から起算して2年を過ぎると請求できません。

3号分割が請求できない場合はある？

標準報酬を分割する側の人が、障害厚生年金の受給権者であり、その計算の基礎となった期間がすべて婚姻期間である場合には、3号分割の請求はできません。

●例　夫が障害厚生年金の受給権者で、妻が第3号被保険者の場合

6-3 離婚分割の方法② 3号分割

　この夫が障害認定日の属する月に離婚して、妻が3号分割の請求をしたとします。この場合、特定期間の全部が障害厚生年金の計算の基礎となります。

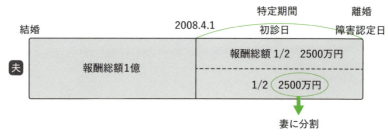

（夫）障害厚生年金2級 → 12500万円 × 5.481 ／ 1000 ＝ 685,125円（簡易計算）

　障害年金は、一般的には障害を負って働くことができなくなった人に支給する生活補償です。その年金額を離婚した相手方からの請求によって一方的に減額するというのは不合理です。したがって、このような<u>特定期間の全部を障害厚生年金の計算の基礎としているケース</u>では、3号分割はできないこととしています。

　ただし、合意分割の場合は、年金額が減ることも含めて夫婦の合意によって定めるものであるので、このような制限はありません（第6章6-2参照）。

●補足―3号分割に関する特例

　特定期間の一部が障害厚生年金の計算の基礎となっているケースでは、その期間を除いて3号分割の請求をすることはできます。

●例　特定期間のみ3号分割の請求ができるケース

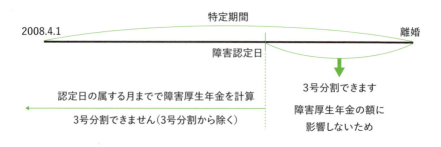

6-3　離婚分割の方法②　3号分割

すでに老齢厚生年金または障害厚生年金を受けている場合は？
　合意分割と同様、すでに老齢厚生年金または障害厚生年金を受けている人の年金分割については、年金分割の請求をした月の翌月分から年金額が変更されます。

3号分割の請求方法

　3号分割の請求は、国民年金第3号被保険者が、離婚をした後、原則2年以内に行います。合意分割と同様に**「標準報酬改定請求書」**（第6章6-2参照）に、必要な書類を添えて居住地を管轄する年金事務所に提出します。
　なお、3号分割は当事者の合意も必要でなく、按分割合も2分の1と決まっているため、情報提供請求をすることはできません。

解説　3号分割請求の手続き

　3号分割請求の手続きは、合意分割の請求と同じ用紙・同じ手続きになります。詳しくは第6章6-2を確認してください。
　標準報酬改定請求書に「請求する年金分割の種類」という欄があるので、「合意分割」「3号分割」いずれか該当するほうに丸をつけて提出します。

☑ 注意点　　3号分割は合意が不要のため、3号分割のみ請求する場合は、按分割合を証明する書類の添付は不要です。

6-4

離婚分割の方法③
合意分割と3号分割を同時に行う

合意分割と3号分割を同時に行う場合について解説します。

■合意分割と3号分割が同時に行われる場合とは？

　合意分割の請求が行われた場合、婚姻期間中に3号分割の対象となる期間が含まれるときは、合意分割と同時に3号分割の請求があったとみなされます。
　したがって、3号分割の対象となる期間は、3号分割による標準報酬の分割に加え、合意分割による標準報酬の分割も行われます。具体的には、まず強制的に3号分割を行い、そのうえで双方の持分から離婚分割のための按分割合の範囲が決定されることになります。
　つまり、手続きとしては合意分割の請求をすればよいことになります。

●合意分割と3号分割

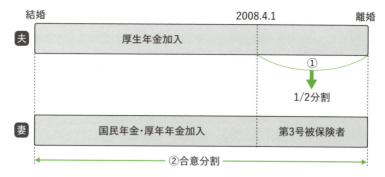

① まず3号分割だけを行います　② 次に①の期間を含めて合意分割を行います

6-4　離婚分割の方法③　合意分割と3号分割を同時に行う

● 参考：厚生年金保険（民間企業勤務）における離婚等に伴う年金分割の状況

離婚等に伴う保険料納付記録分割件数の推移

	総数（件）	離婚分割※	3号分割のみ	【参考】離婚件数（組）
平成30年度	28,793	21,841	6,952	208,607
令和元年度	29,391	21,485	7,906	209,217
2	29,781	20,695	9,086	188,657
3	34,135	23,359	10,776	180,727
4	32,927	21,893	11,034	180,583

※離婚分割とは合意分割のことです。

出典：厚生労働省「令和4年度 厚生年金保険・国民年金事業の概況」

● 参考：離婚分割　受給権者の分割改定前後の平均年金月額等の推移

	第1号改定者				第2号改定者			
	件数（人）	平均年金月額（円）			件数（人）	平均年金月額（円）		
		改定前	改定後	変動差		改定前	改定後	変動差
平成30年度	2,862	143,208	112,272	△30,937	2,546	51,436	82,701	31,265
令和元年度	2,982	143,162	114,025	△29,137	2,481	53,405	84,056	30,651
2	2,310	145,061	115,963	△29,098	2,070	51,585	82,358	30,774
3	2,722	144,951	115,492	△29,459	2,331	54,281	85,394	31,112
4	2,623	146,961	115,363	△31,598	2,257	55,215	87,949	32,734

- 第1号改定者とは、納付記録の分割をした者のことをいい、第2号改定者とは、納付記録の分割を受けた者のことをいいます。
- 平均年金月額は、基礎年金が裁定されている場合には基礎年金月額を含みます。また、離婚分割かつ3号分割を行った場合には、3号分割に係る改定額を含みます。
- 老齢給付に係る数を計上しています。

出典：厚生労働省「令和4年度 厚生年金保険・国民年金事業の概況」

6-4　離婚分割の方法③　合意分割と3号分割を同時に行う

●参考：3号分割のみ　受給権者の分割改定前後の平均年金月額等の推移

	男子 件数(人)	男子 平均年金月額(円) 改定前	男子 改定後	男子 変動差	女子 件数(人)	女子 平均年金月額(円) 改定前	女子 改定後	女子 変動差
平成30年度	245	128,935	122,545	△6,390	158	34,434	39,499	5,065
令和元年度	294	131,592	125,542	△6,049	187	37,159	42,248	5,089
2	341	136,494	131,163	△5,330	249	40,945	46,895	5,950
3	359	138,108	131,547	△6,561	292	41,197	47,196	6,000
4	450	139,271	131,139	△8,132	276	44,555	51,793	7,238

・平均年金月額は、基礎年金が裁定されている場合には基礎年金月額を含みます。
・老齢給付に係る数を計上しています。

出典：厚生労働省「令和4年度 厚生年金保険・国民年金事業の概況」

障害年金の貰い方

　障害年金は、身体障害、知的障害、精神障害などの障害を持つ人に支給される年金です。先天的な障害だけではなく、病気や事故などの疾病で障害になった人も受給することができます。この章では、障害年金の受給要件や支給額などを解説しています。障害がある人だけでなく、家族や企業の人事労務担当者なども理解をしておくとよいでしょう。

7-1

障害年金とは？

　障害年金は、生まれながらの障害だけではなく、病気やけがなどによって生活や仕事に制限が出るようになった場合も支給されます。

■ 障害年金の種類と貰い方

　公的年金には、老齢年金のほかに、障害になった場合に支給される「**障害年金**」があります。障害年金は、病気やけがによって生活や仕事などが制限されるようになった場合に、生活を保障するために受け取ることができる年金です。

　障害年金には「**障害基礎年金**」「**障害厚生年金**」があり、病気やけがで初めて医師の診療を受けたとき（初診日）に国民年金に加入していた場合は「障害基礎年金」、厚生年金に加入していた場合は「障害厚生年金」が請求できます。

　なお、障害厚生年金に該当する状態よりも軽い障害が残ったときは、「**障害手当金（一時金）**」を厚生年金から受け取ることができる制度があります。

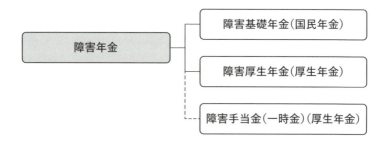

　障害年金についても、第4章4-1で紹介した時効があります。5年を過ぎても請求できる場合もありますが、さかのぼって請求できるのは5年までなので、なるべく早めに請求しましょう。

7-2

障害基礎年金について

　初診日に国民年金の被保険者等である場合、一定の要件を満たせば「障害基礎年金」を受給することができます。受給要件と詳細を解説します。

■障害基礎年金とは？

　障害基礎年金は、次の①～③のすべての要件を満たした人に支給されます。

① **初診日**に次のア、イのいずれかに該当していること
　ア、国民年金の**被保険者**※であること
　※第1号被保険者、第2号被保険者および第3号被保険者並びに任意加入被保険者でも構いません。
　イ、被保険者であった人で、日本国内に住所を有し、かつ60歳以上65歳未満であること

② **障害認定日**※に**障害等級1級または2級**に該当する障害状態にあること
　※障害認定日とは、次の(ア)または(イ)のいずれかの日をいいます。
　(ア)初診日から起算して1年6か月を経過した日
　(イ)上記(ア)の期間内にその傷病が治った場合はその治った日（症状が固定し治療の効果が期待できない状態に至った日を含みます）

③ 初診日の前日に、初診日がある月の前々月までの**被保険者期間**で、**国民年金の保険料納付済期間**（厚生年金保険の被保険者期間、共済組合の組合員期間を含む）と**保険料免除期間**を合わせた期間が**3分の2以上**あること
　ただし、初診日が令和8年4月1日前にあるときは、初診日において65歳未満であれば、初診日の前日において、初診日がある月の前々月までの直近1年間に保険料の未納がなければよいことになっています。

7-2　障害基礎年金について

● 障害認定日の考え方

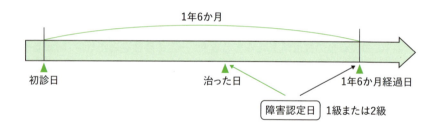

● 保険料納付の要件

例　20歳から国民年金の第1号被保険者となり、翌年9月に初診日がある場合

令和4年								令和5年									
5	6	7	8	9	10	11	12	1	2	3	4	5	6	7	8	9
納付	納付	納付	納付	未納	未納	未納	免除	免除	免除	納付	納付	納付	納付	納付	未納	未納

納付済期間（4カ月）／未納期間（3カ月）／免除期間（3カ月）／納付済期間（5カ月）
被保険者期間（15カ月）

出典：日本年金機構「障害年金ガイド令和6年度版」

　上の例では、要件③の**被保険者期間**とは、20歳から初診日がある月の2か月前（令和5年7月）までの15か月です。このうち、保険料納付済期間および保険料免除期間は12か月です。上記の例では、保険料納付済期間および保険料免除期間が3分の2以上（10か月以上）あるので納付要件は満たしています。

　保険料納付要件を注意しなければならないのは、第1号被保険者です。第2号被保険者期間や第3号被保険者期間は**保険料納付済期間**となります。第1号被保険者の人は、未納期間が長くならないよう、保険料納付が困難な場合は、免除の手続きをしておきましょう。

7-2 障害基礎年金について

保険料納付の特例（救済措置）

初診日が令和8年4月1日前にある場合に限り、納付に関する特例があります。下の図の例のように、過去に未納期間があったとしても、初診日の属する月の前々月までの1年間に未納期間がない場合は、保険料納付要件を満たしたこととされます。ただし、初診日において65歳以上の人はこの救済措置は適用されません。

● **保険料納付の特例（救済措置）**

初診日が令和8年4月1日前にある場合に限ります

▼20歳　　　　　　　　　　　　　　　　　　　　　　　　　　　　　▼初診日

令和4年														令和5年								
1	2	3	4	5	6	7	8	9	10	11	12	1	2	3	4	5	6	7	8	9
未納	未納	未納	未納	未納	未納	未納	納付	納付	納付	免除	免除	免除	免除	納付	納付	納付	納付	納付	未納	未納

直近1年間の期間
→保険料の未納期間がない

7-3

障害等級と事後重症による障害基礎年金
（障害認定日以降に障害等級に該当した場合）

障害年金は障害等級の定めにしたがって受給されますが、障害が軽くてもその後障害が重くなった場合に請求できる制度があります。

■ 障害等級について

障害の程度については、次のように**障害等級**が定められています。

● **障害の程度1級**

他人の介助を受けなければ日常生活のことがほとんどできないほどの障害の状態です。身のまわりのことはかろうじてできるものの、それ以上の活動はできない（または行うことを制限されている）人、入院や在宅介護を必要とし、活動の範囲がベッドの周辺に限られるような人が、1級に相当します。

● **障害の程度2級**

必ずしも他人の助けを借りる必要はなくても、日常生活は極めて困難で、労働によって収入を得ることができないほどの障害です。例えば、家庭内で軽食をつくるなどの軽い活動はできても、それ以上重い活動はできない（または行うことを制限されている）人、入院や在宅で、活動の範囲が病院内・家屋内に限られるような人が2級に相当します。

● **障害の程度3級**

労働が著しい制限を受ける、または、労働に著しい制限を加えることを必

7-3 障害等級と事後重症による障害基礎年金(障害認定日以降に障害等級に該当した場合)

要とするような状態です。日常生活にはほとんど支障はありませんが、労働については制限がある人が3級に相当します。ただし、障害基礎年金には3級はありません。

障害の程度はこのようになっていますが、実際の障害等級は、障害の状態に応じて、法令により定められています。日本年金機構のHPでは障害等級表の抜粋が載っており、どの等級に該当するか確認することができます。この障害等級は身体障害者手帳の等級とは異なるので留意しておきましょう。なお、障害の事由は業務上でも業務外でも構いません。

事後重症による障害基礎年金

障害認定日に法令に定める障害の状態に該当しなかった人でも、その後症状が悪化し、法令に定める障害の状態になった(=**事後重症**)ときには、請求日の翌月から障害年金を受給できます。ただし、請求書は65歳の誕生日の前々日までに提出する必要があります。

なお、請求した日の翌月分から受け取りとなるため、請求が遅くなると年金の受給開始時期が遅くなります。

●事後重症はさかのぼって請求できないので注意

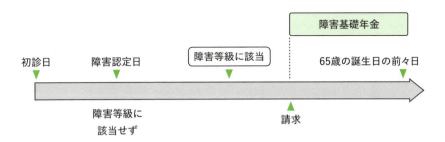

7-4

障害基礎年金の金額は？

障害基礎年金の等級に応じて、それぞれの金額はいくらになるのでしょうか。

■ 障害基礎年金の金額

　老齢基礎年金と比較すると、障害基礎年金の2級と老齢基礎年金の満額が同じ額になります。障害等級1級の年金額は、2級の年金額の1.25倍になります。また、障害基礎年金の受給権者に子どもがいる場合、子どもの扶養手当として子の加算があります。

> 子の要件：18歳になった後の最初の3月31日までの子、または20歳未満で障害等級1級または2級の状態にある子で、障害基礎年金の受給権者に生計を維持されている子。

　各等級の金額は、次の表のとおりです。

● 障害等級別　障害基礎年金の受給額（令和6年度・年額）

1級

昭和31年4月2日以後生まれ	1,020,000円 + 子の加算額
昭和31年4月1日以前生まれ	1,017,125円 + 子の加算額

2級

昭和31年4月2日以後生まれ	816,000円 + 子の加算額
昭和31年4月1日以前生まれ	813,700円 + 子の加算額

子の加算額

2人まで	1人につき234,800円
3人目以降	1人につき78,300円

7-4 障害基礎年金の金額は？

　例えば、障害等級2級の障害基礎年金受給権者（昭和31年4月2日以降生まれ）に、16歳と12歳の子がいる場合、受給額は次のようになります。

> 例 障害等級2級の場合の受給金額＋子2人の加算額
>
> 816,000円 ＋ 234,800円 × 2 ＝ 1,285,600円

 障害基礎年金は1,2級しかないため、障害等級が3級の場合は障害基礎年金を受給することはできません。

7-5
障害基礎年金の請求方法

障害基礎年金の請求方法は難しくはありませんが、請求しても必ず支給されるとは限りません

■ 障害基礎年金を請求するには？

障害認定日に法令に定める障害の状態にあるときは、障害認定日の翌月分から年金を受給できます。請求書は障害認定日以降、いつでも提出できますが、さかのぼって受けられる年金は、時効により、5年分が限度です。

なお、請求書を提出しても必ずしも支給決定の通知が届くとは限りません。審査の結果、不支給決定となる場合もあります。その場合は、社会保険審査官に対して審査請求を行うことができます。

● 障害基礎年金の請求の流れ

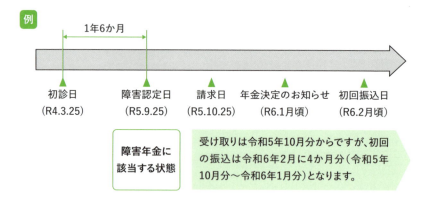

解説　障害年金の請求方法

☑ 届出書類	年金請求書（国民年金障害基礎年金）
☑ 届出先	市区町村、ただし初診日が第3号被保険者の場合は年金事務所
☑ 届出期間	障害認定日以降、いつでも提出可能 ※ただし、さかのぼって受けられる年金は障害認定日から5年分まで
☑ 必要書類	・基礎年金番号通知書または年金手帳 ・戸籍謄本（抄本）、住民票など、生年月日を明らかにすることができる書類（ただし年金請求書にマイナンバーを記入すれば省略可） ・医師または歯科医師の診断書※ ・病歴・就労状況申立書※ ※用紙は年金事務所または年金相談センターにあります
☑ 注意点	加算額の対象となる子がいる場合は別添書類が必要など、添付書類は条件や傷病の種類によっても異なります。また、年金請求書に記入する項目も多いので、年金事務所や街の年金相談センター、社会保険労務士などに相談してみましょう。

 障害年金の時効は「障害認定日から5年」です。5年を過ぎても請求はできますが、5年以上はさかのぼって支給されないため、なるべく早めに申請しましょう。

7-6

子どもの頃の障害
―20歳前傷病による障害基礎年金―

20歳未満の傷病による障害者についても、年金の支給があります。

■子どもでも障害年金を受給できる

20歳未満のときに初診日がある傷病による障害者については、「**無拠出制の障害基礎年金**」が支給されます。国民年金では厚生年金の被保険者を除き、20歳未満の人には適用されません。したがって、保険料を納めたくても納めることができないため、この年金は保険料の納付要件はありません。

いわゆる**20歳前傷病による障害基礎年金**は、国民年金の資格を取得する年齢である20歳未満に初診日がある一定以上の障害状態にある人についても、国民年金制度の保障する利益を享受させるべく設けられた年金です。

■20歳前傷病による障害基礎年金の支給要件

20歳前傷病による障害基礎年金は、**初診日において20歳未満であった人**が、次の（ア）または（イ）に掲げる日において、障害等級1級または2級に該当するときに支給されます。

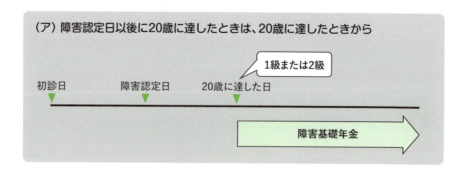

7-6 子どもの頃の障害 —20歳前傷病による障害基礎年金—

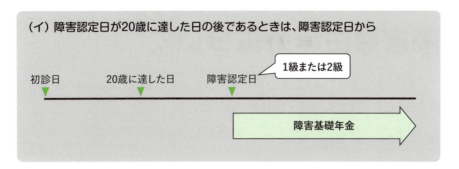

（イ）障害認定日が20歳に達した日の後であるときは、障害認定日から

- 20歳前傷病による障害基礎年金は、20歳以後でないと受け取ることはできません。これは、20歳までは父母に「特別児童扶養手当」が支給されているためです。
- 20歳前傷病による障害基礎年金にも事後重症の制度があります。障害認定日または20歳に達した日に障害等級に該当しない場合でも、その後障害の程度が重くなり、障害等級に該当した場合は、障害年金を請求できます。ただし、請求は65歳の誕生日の前々日までに行う必要があります。
- 年金額は一般の障害基礎年金と同じです。ただし、「無拠出制の障害基礎年金」であるため、一定以上の所得があるときなどは支給停止になります。

障害厚生年金について

　初診日に厚生年金に加入している人は、一定の要件を満たせば障害厚生年金を受給することができます。要件と詳細を解説します。

障害厚生年金とは

　初診日に厚生年金の被保険者であった人が、障害等級1級または2級に該当する場合には、障害基礎年金に上乗せする形で障害厚生年金が支給されます。また、厚生年金には、独自給付として、障害等級3級の**障害厚生年金**や、一時金として支給される**障害手当金**があります。

●障害基礎年金と障害厚生年金の支給内容（等級別）

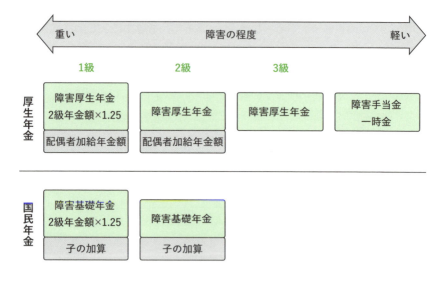

障害厚生年金の支給要件

障害厚生年金は、次の①〜③のすべての要件を満たした人に支給されます。

① 初診日に厚生年金の被保険者であること

② 障害認定日において、**1級、2級または3級**の障害状態にあること
※国民年金と同様、障害認定日に障害等級に該当しなくても、その後障害が重くなり、障害等級に該当した場合には、事後重症の請求ができます。

③ 初診日の前日に、初診日がある月の前々月までの被保険者期間で、**国民年金の保険料納付済期間**（厚生年金保険の被保険者期間、共済組合の組合員期間を含む）と**保険料免除期間**を合わせた期間が**3分の2以上**あること
※ただし、初診日が令和8年4月1日前にあるときは、初診日において65歳未満であれば、初診日の前日において、初診日がある月の前々月までの直近1年間に保険料の未納がなければよいことになっています。
※国民年金の保険料納付要件と同じです。

●参考：初診日に厚生年金の被保険者でなかった場合は？

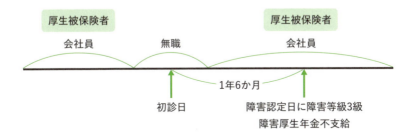

このケースでは、初診日に厚生年金の被保険者でないため、障害認定日に3級に該当したとしても、障害厚生年金は支給されません。もし、体調が悪いなと感じたときは、在職中に病院にかかっておきましょう。「退職して落ち着いてから診察してもらおう」と考えていると、いざ認定日に障害等級に該当しても手遅れになってします。

7-8 障害厚生年金の申請・金額について

障害厚生年金の請求方法は障害基礎年金と同じです。金額や加算の違いを確認しましょう。

■ 障害厚生年金の請求手続き

障害厚生年金の請求をする場合は、年金請求書（国民年金・厚生年金保険障害給付）を年金事務所に提出しますが、初診日時点で共済組合等に加入している場合は、加入していた共済組合などに提出します。

■ 障害厚生年金の額

障害厚生年金の額は計算で算出します。老齢厚生年金の報酬比例の計算式（第4章4-4参照）を使って下記のように計算します。

●障害厚生年金額の計算方法（要求別）

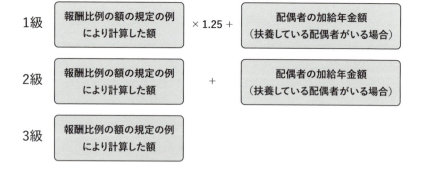

障害等級3級の人は、1階部分の障害基礎年金がないため、最低保障の額が設定されています。令和6年度の最低保障額は612,000円（昭和31年4月1日以前に生まれた人は610,300円）です。

●報酬比例部分の計算式

$$\boxed{\text{2003年3月までの被保険者期間の平均標準報酬月額}} \times \frac{7.125}{1000} \times \boxed{\text{2003年3月までの被保険者期間の月数}^{※}}$$

$$+$$

$$\boxed{\text{2003年4月以後の被保険者期間の平均標準報酬額}} \times \frac{5.481}{1000} \times \boxed{\text{2003年4月以後の被保険者期間の月数}^{※}}$$

※被保険者期間の月数は、障害認定日の属する月までの厚生年金の被保険者期間です。また、被保険者期間が300月に満たない場合は、300月で計算します。

配偶者の加給年金額

　障害等級1級または2級に該当する人に支給される障害厚生年金には、受給権者によって生計を維持されている**65歳未満の配偶者**がいる場合は、扶養手当として配偶者の加給年金額が加算されます。令和6年度の場合、支給額は234,800円(年額)です。

　障害等級3級の障害厚生年金には加給年金額はつきません。また、加給年金に関しては、裁定請求書(巻末資料参照)に記入欄があるので別途の申請は不要です。

加給年金額の停止・終了
　配偶者が老齢厚生年金(被保険者期間が20年以上の場合に限る)を受け取る権利があるとき、または障害年金を受けられる間は、配偶者加給年金額は支給停止されます。配偶者がこのような年金を受けている場合、扶養手当を付ける必要はないためです。
　また、加給年金額は、配偶者が65歳に達したときのほか、離婚、死亡などにより生計を維持されなくなったときに加算が終了します。

7-9 障害手当金について

　障害厚生年金の障害手当金とは、障害の状態が軽い場合に支給される一時金のことです。

◉ 障害手当金とは？

　厚生年金には、障害の状態が3級より軽い場合に支給される**障害手当金（一時金）**があります。支給要件は次のとおりです。

> ● 障害手当金の支給要件
> 1. 厚生年金の被保険者である間に、初診日があること
> 2. 初診日の前日において、保険料の納付要件を満たしていること
> 3. 障害の状態が、次の条件すべてに該当していること
>   - 初診日から5年以内に治っていること（症状が固定を含む）
>   - 治った日に障害等級3級の状態よりも軽いこと
>   - 障害等級表の「障害手当金」（巻末資料「障害等級表」参照）に定める障害の状態であること

◉ 障害手当金の支給額

　障害手当金の金額は、障害厚生年金2級の額（報酬比例額の年金額）の2倍を掛けた額です。つまり、障害厚生年金2級の額の2年分を一時金として支払います。また、最低保障額も設定されており、令和6年度の最低保障額は1,224,000円（昭和31年4月1日以前に生まれた人は1,220,600円）となります。

　傷病が治った日において、国民年金や厚生年金から老齢年金、障害年金または遺族年金を受け取っている場合は、原則障害手当金は支給されません。

第8章

遺族年金の貰い方

　遺族年金は、公的年金の加入者が亡くなった際、残された家族が安心して生活できるよう支給されるものです。ただし、すべての遺族が受け取れるわけでなく、死亡した人、遺族にそれぞれ要件があります。この章では、受給要件や金額、手続きなどを解説しています。遺族年金は、人生に関わる大切な役割を果たします。きちんと押さえておくとよいでしょう。

8-1

遺族年金とは？

　遺族年金とは、厚生年金または国民年金の被保険者が死亡した場合、残された遺族が受け取ることができる年金です。受給には条件があります。

■ 遺族年金の種類

　遺族年金は、国民年金または厚生年金の被保険者または被保険者であった人が死亡したときに、その人によって生計を維持されていた一定の遺族が受けることができる年金です。遺族年金には、国民年金の**「遺族基礎年金」**と厚生年金の**「遺族厚生年金」**の2つがあります。それ以外に遺族に支給される給付としては、国民年金の**「寡婦年金」**と**「死亡一時金」**があります。

●死亡時に貰える遺族年金の種類

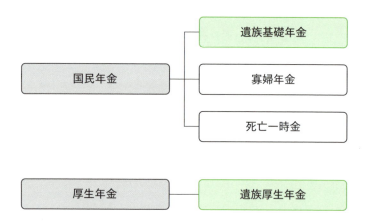

 Check　遺族年金の時効は「死亡日から5年」です。さまざまな対応に追われて大変な時期ですが、忘れてしまわないよう、早めの手続きが大切です。

8-1 遺族年金とは？

●遺族年金の種類

種類	貰える人	備考
遺族基礎年金 (第8章8-2)	配偶者または子。配偶者が受給する場合、18歳年度末までの子ども[※1]と同居していること。	子どもが18歳の年度末[※2]に達すると年金は消滅する。
遺族厚生年金 (第8章8-4)	配偶者・子・父母・孫・祖父母。妻以外の者は一定の年齢要件などがある。	夫は55歳以上でなければ受給することができない。
寡婦年金 (第8章8-7)	婚姻関係が10年以上継続した65歳未満の妻。 死亡した夫は第1号被保険者期間があること(保険料納付済期間と免除期間の合計が10年以上)。	60歳～65歳まで支給。 65歳で寡婦年金は消滅。
死亡一時金 (第8章8-8)	配偶者・子・父母・孫・祖父母・兄弟姉妹。 死亡者は第1号被保険者期間があること(保険料納付済み期間等が36月以上)。	遺族が遺族基礎年金を受けることができる場合は支給されない。

※1 20歳未満で障害等級1級または2級の子を含みます。
※2 20歳未満で障害等級1級または2級の子は、20歳の年度末になります。

8-2

遺族基礎年金について

遺族基礎年金は、国民年金の被保険者が死亡した際に遺族が受け取れる年金です。

■ 遺族基礎年金を貰えるのは誰？

遺族基礎年金は、次のいずれかの要件に当てはまる場合、死亡した人によって生計を維持されていた「子のある配偶者」または「子」が受け取ることができます。

● 死亡した人の要件

> ① 国民年金の被保険者※である間に死亡したとき
> ※第1号被保険者、第2号被保険者または第3号被保険者並びに任意加入被保険者でも構いません。

> ② 国民年金の被保険者であった60歳以上65歳未満の人で、日本国内に住所を有していた人が死亡したとき

> ③ 老齢基礎年金の受給権者であった人（保険料納付済期間、保険料免除期間および合算対象期間を合算した期間が25年以上ある人に限る）が死亡したとき

> ④ 保険料納付済期間、保険料免除期間および合算対象期間を合算した期間が25年以上ある人が死亡したとき

ただし、①、②の人の死亡については、次の保険料納付要件を満たす必要があります。

● 保険料納付要件

死亡日の前日において、死亡日が含まれる月の前々月までの被保険者期間に、国民年金の保険料納付済期間（厚生年金保険の被保険者期間、共済組合の組合員期間を含みます）と保険料免除期間を合わせた期間が3分の2以上あることが必要です。

● 保険料納付要件の特例（救済措置）

死亡日の前日において、死亡日が含まれる月の前々月までの直近1年間に保険料の未納期間がなければ、保険料納付要件を満たしたものとされます。ただし、死亡日において、65歳以上の人はこの救済措置は適用されません。

また、これは死亡日が令和8年3月末日までに限る場合の特例です。

保険料納付要件は、障害基礎年金（第7章7-2参照）と同様の考え方です。障害基礎年金では「初診日」となっていたところを、「死亡日」に置き換えただけです。

遺族基礎年金を受け取ることができるのは誰？

遺族基礎年金は、死亡した人に生計を維持されていた＊以下の遺族が受け取ることができます。

1. 子と生計を同じくしている配偶者（年齢要件はありません）
2. 子（未婚であること）

この場合の「子」とは、死亡した人の実子または養子で、18歳になった年度の3月31日までにある人、または20歳未満で障害年金の障害等級（巻末資料参照）1級または2級の状態にある人を指します。養子縁組されていない配偶者の子（いわゆる連れ子）は含まれません。

ただし、配偶者については、婚姻の届出はしていないが、事実上婚姻関係と同様の事情にある者（内縁の配偶者）も含まれます。

遺族基礎年金は、母子家庭や父子家庭となった際に、残された配偶者に支給されるものです。もともとひとり親家庭でその親が死亡した場合は、残された子に支給されます。

＊生計を維持されているとは、次の2点をいずれも満たす状態を指します。
　1. 生計を同じくしている（同居ないしは別居で仕送りや扶養などの実績がある）。
　2. 収入要件を満たしている（前年の収入が850万円未満、または所得が655万5千円未満である）。

8-3 遺族基礎年金の金額と支給期間

遺族基礎年金の金額と支給される期間について確認しておきましょう。

■遺族基礎年金の年金額は？

残された配偶者が受け取れる遺族基礎年金の額は、満額の老齢基礎年金と同額です。また、死亡した被保険者と配偶者の間に子ども（実子・養子）がいる場合、必ず子の加算がつきます。

●令和6年度の場合（年額）

昭和31年4月2日以後生まれ	816,000円 ＋ 子の加算額
昭和31年4月1日以前生まれ	813,700円 ＋ 子の加算額

●子の加算額

2人まで	1人につき234,800円
3人目以降	1人につき78,300円

●例　配偶者と子1人を残して亡くなった場合の支給額

> 妻40歳と子（小学生）1人の場合
> 816,000円 ＋ 234,800円 ＝ 1,050,800円（年額）

■遺族年金を子どもが受け取る場合は？

死亡した被保険者に配偶者がいない場合は、子が受け取ることになります。次の金額を子の数で割った額が、1人あたりの額となります。

> 816,000円 ＋ 2人目以降の子の加算額

●子どもが受け取る1人あたりの年金額早見表（令和6年の場合）

子の数	基本年金額	加算額	1人あたりの支給額
1人	816,000円	なし	816,000円
2人	816,000円	234,800円	（基本年金額 ＋ 加算額）÷ 2
3人	816,000円	234,800円 ＋ 78,300円	（基本年金額 ＋ 加算額）÷ 3
4人	816,000円	234,800円 ＋ 78,300円 × 2	（基本年金額 ＋ 加算額）÷ 4

例えば、子ども2人が受け取る場合の1人あたりの年金額は、
（816,000円 ＋ 234,800円）÷ 2 ＝ 525,400円　となります。

遺族基礎年金はいつまで貰える？

遺族基礎年金は、「子育て年金」の役割を持って、母子家庭や父子家庭に支給することを想定しています。したがって、受給権者（残された配偶者・子ども）が婚姻（事実婚含む）をしたり、直系血族・直系姻族以外の人の養子となったりしたときなどは、受給権が消滅します。

また、配偶者が受給権者の場合、すべての子が18歳になった年度の3月31日が終了したときにも消滅します。子どもの場合、障害等級に該当しなければ、18歳になった年度の3月31日が終了したとき、該当する場合は20歳に達したときに消滅します。

8-3 遺族基礎年金の金額と支給期間

 遺族基礎年金の手続き

遺族基礎年金の申請は状況により必要な書類が異なるため、窓口で確認して申請することをおすすめします。

| ☑ 届出書類 | 年金請求書（国民年金遺族基礎年金） |

| ☑ 届出先 | 市区町村、ただし死亡日が国民年金第3号被保険者期間中の場合は年金事務所 |

| ☑ 届出期間 | 死亡後 |

| ☑ 必要書類 | 基礎年金番号通知書または年金手帳、戸籍謄本、世帯全員の住民票の写し※、死亡者の住民票の除票、請求者の収入が確認できる書類※子の収入が確認できる書類※
※請求書にマイナンバーを記入した場合は不要 |

| ☑ 注意点 | 市区町村長に提出した死亡診断書（死体検案書等）のコピー、受取先金融機関の通帳（本人名義）など、その他、状況によっては別途必要な書類あり。 |

 遺族年金の時効は「死亡日から5年」です。さまざまな対応に追われて大変な時期ですが、忘れてしまわないよう、早めの手続きが大切です。

8-4

遺族厚生年金について

遺族厚生年金は、厚生年金の被保険者が死亡した際に遺族が受け取れる年金です。

遺族厚生年金とは

遺族厚生年金は、次の①から⑤のいずれかの要件を満たしている人が死亡したときに、一定の遺族に支給されます。

●死亡した人の要件

① 厚生年金保険の被保険者である間に死亡したとき

② 厚生年金の被保険者期間に初診日がある病気やけがが原因で初診日から5年以内に死亡したとき

③ 障害等級1級・2級の障害厚生（共済）年金を受けとっている人が死亡したとき

④ 老齢厚生年金の受給権者であった人（保険料納付済期間、保険料免除期間および合算対象期間を合算した期間が25年以上ある人に限る）が死亡したとき

⑤ 保険料納付済期間、保険料免除期間および合算対象期間を合算した期間が25年以上ある人が死亡したとき

ただし、①、②の人の死亡については保険料納付要件を満たす必要があります。保険料納付要件は遺族基礎年金と同様のため、「第8章8-2　遺族基礎年金について」を参照してください。

遺族厚生年金を貰えるのは誰？

死亡した人に生計を維持されていた以下の1～5（優先順位順）の遺族のうち、最も優先順位の高い人が受け取ることができます。なお、遺族基礎年金（第8章8-2参照）を受給できる遺族の人は合わせて受給できます。

8-4 遺族厚生年金について

- **1. 配偶者**

  妻は年齢要件なし、夫は55歳以上であること。また、夫の場合、受給開始は60歳からとなります。ただし、遺族基礎年金をあわせて受給できる場合に限り、55歳から60歳の間であっても遺族厚生年金を受給できます。また、遺族基礎年金と異なり、子どもの有無は問いません。

- **2. 子**

  18歳になった年度の3月31日までにある人、または20歳未満で障害年金の障害等級1級または2級の状態にある人で、未婚であること。

- **3. 父母**

  55歳以上。ただし、受給開始は60歳からとなります。

- **4. 孫**

  18歳になった年度の3月31日までにある人、または20歳未満で障害年金の障害等級1級または2級の状態にある人で、未婚であること。

- **5. 祖父母**

  55歳以上。ただし、受給開始は60歳からとなります。

●遺族年金を受給できる遺族と年金の種類

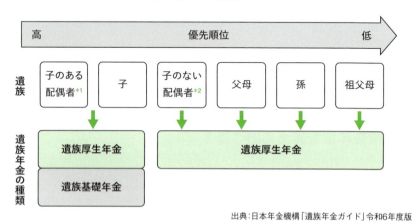

出典：日本年金機構「遺族年金ガイド」令和6年度版

*1 「子のある配偶者」が遺族年金を受け取っている間は、「子」に遺族年金は支給されません。
*2 30歳未満の子のない妻の遺族厚生年金は、5年間の有期給付となります。一定の条件を満たす妻には**「中高齢の寡婦加算」**（第8章8-6参照）があります。

8-4 遺族厚生年金について

遺族基礎年金が子育てのためのものであるのに対し、遺族厚生年金は残された家族の生活保障のための年金です。したがって、遺族の範囲も広くなります。ただし、兄弟姉妹は遺族の範囲には含まないので注意しましょう。

遺族厚生年金の手続き

遺族厚生年金の申請は、基本的に遺族基礎年金(第8章8-3)の手続きと同様に行います。こちらも状況により必要な書類が異なるため、窓口で確認して申請することをおすすめします。

☑ 請求書	年金請求書(国民年金・厚生年金保険遺族給付)
☑ 届出先	年金事務所
☑ 届出期間	死亡後
☑ 必要書類	基礎年金番号通知書または年金手帳、戸籍謄本、世帯全員の住民票の写し※、死亡者の住民票の除票、請求者の収入が確認できる書類※子の収入が確認できる書類※ ※請求書にマイナンバーを記入した場合は不要
☑ 注意点	市区町村長に提出した死亡診断書(死体検案書等)のコピー、受取先金融機関の通帳(本人名義)など、その他、状況によっては別途必要な書類があります。

遺族年金の時効は「死亡日から5年」です。さまざまな対応に追われて大変な時期ですが、忘れてしまわないよう、早めの手続きが大切です。

遺族厚生年金の金額と支給期間

遺族厚生年金の金額と支給される期間について確認しておきましょう。

■遺族厚生年金の年金額は？

遺族厚生年金の額は、死亡した人の老齢厚生年金（報酬比例部分）の額の**4分の3**になります。例えば、死亡した人の報酬比例部分（年額）が80万円の場合は下記のように計算されます。

●遺族厚生年金の計算式

> 80万円（報酬比例部分の年金額） × 3/4 ＝ 60万円（年額）

遺族が複数いる場合は、上記の金額を遺族の数で割った金額が1人あたりの年金額となります。

■自分が老齢年金を受け取っていても遺族年金は受け取れる？

65歳以上で老齢厚生年金を受ける権利がある人でも、配偶者の死亡による遺族厚生年金を受け取ることはできるのでしょうか？ 結論からいうと、受給は可能です。特に手続きも必要ありません。次のケースを例に見てみましょう。

●例　共に年金を受け取っていた夫婦で、夫が死亡した場合

夫　老齢厚生年金　80万円

妻　老齢厚生年金　50万円

8-5 遺族厚生年金の金額と支給期間

　このケースでは、残された妻に支給される遺族厚生年金の額は、次の①と②の額を比較し、高い方の額となります。

> ① 死亡した夫の老齢厚生年金の報酬比例部分の3/4の額
> ② 「上記①の額の2/3」と「妻自身の老齢厚生年金の額の1/2」を合計した額

上記の①と②を比較すると、次のようになります。

①…60万円
②…（60万円×2/3）+（50万円×1/2）= 40万円 + 25万円 = 65万円

①＜②のため、このケースでは②の額が遺族厚生年金となります。

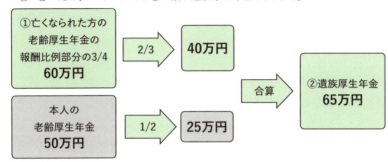

出典：日本年金機構「遺族年金ガイド」令和6年度版

　こちらのケースでは、遺族厚生年金の額は②の65万円に決定されました。ただし、実際の支払方法としては、妻の老齢厚生年金を全額(50万円)支給し、遺族厚生年金は差額(15万円)を支給する形となります。これは、妻の厚生年金の保険料を掛け捨てにしないために、妻自身の老齢厚生年金を優先して支給することにしているためです。

● **遺族厚生年金の実際の支給方法**

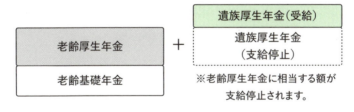

8-6 中高齢の寡婦加算（遺族厚生年金）

遺族厚生年金には、妻のための加算制度があります。それが「中高齢の寡婦加算」です。

寡婦加算は誰が貰える？

次のいずれかに該当する妻が受ける遺族厚生年金[※1]には、40歳から65歳になるまでの間、612,000円（令和6年度価額）が加算されます。これを、**中高齢寡婦加算**といいます。

●中高齢の寡婦加算の支給要件

1. 夫が死亡したとき、40歳以上65歳未満で、生計を同じくしている子[※2]がいない妻。

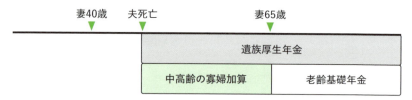

2. 遺族厚生年金と遺族基礎年金を受けていた子のある妻[※3]が、子が18歳に到達する年度の末日に達した（障害の状態にある場合は20歳に達した）などのため、遺族基礎年金を受給できなくなったとき。

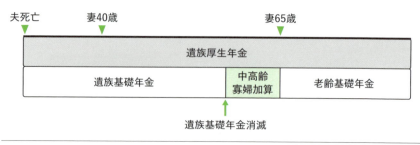

※1 老齢厚生年金の受給権者または受給資格期間（保険料納付済期間、保険料免除期間および合算対象期間を合算した期間が25年以上）を満たしている夫が死亡したときは、死亡した夫の厚生年金保険の被保険者期間が原則20年以上の場合に限ります。
※2 「子」とは18歳到達年度の末日（3月31日）を経過していない子、あるいは、20歳未満で障害年金の障害等級1級または2級の障害の状態にある子。
※3 40歳に到達した当時、子がいるため遺族基礎年金を受けている妻。

　これらに関しては、特に手続きを行わなくても、日本年金機構のほうで対応してくれるので、特別な申請などは必要ありません。

8-7 寡婦年金（国民年金の給付金）

寡婦年金は、夫の国民年金の保険料の掛け捨て防止と、妻に対する保障の役割を持つ年金です。一定の要件を満たす場合に支給されます。

■ 寡婦年金とは？

寡婦年金は、死亡日の前日において、国民年金の第1号被保険者として保険料を納付した期間および保険料免除期間が10年以上ある夫が死亡したときに、その夫と10年以上継続して婚姻関係（事実上の婚姻関係を含む）にあり、死亡当時にその夫に生計を維持されていた妻に対して、その妻が60歳から65歳になるまでの間支給されます。

65歳からは妻自身が老齢基礎年金を受給できるため、65歳到達までの5年間を保障するつなぎの給付としての意味を持ちます。

■ 年金額はいくら？　必ず貰える？

寡婦年金の年金額は、死亡した夫の第1号被保険者期間だけで計算した老齢基礎年金額の4分の3の額です。

ただし、亡くなった夫が、老齢基礎年金または障害基礎年金を受けたことがあるときは支給されません。また、妻が繰上げ支給の老齢基礎年金を受けているときは支給されません。

例

およそ10年以上被保険者期間があり、老齢基礎年金や障害基礎年金を受給していない

10年以上連れ添っていた
➡60歳から65歳までの間支給

夫62歳

妻59歳

寡婦年金の請求手続き

　寡婦年金の申請は状況により必要な書類が異なるため、窓口で確認して申請することをおすすめします。

☑ 届出書類	年金請求書（国民年金寡婦年金）
☑ 届出先	市区町村または年金事務所
☑ 届出期間	死亡日の翌日から5年以内
☑ 必要書類	・基礎年金番号通知書、または年金手帳 ・戸籍謄本 ・世帯全員の住民票の写し※ ・死亡者の住民票の除票 ・請求者の収入が確認できる書類※ ・受取先金融機関の通帳 ※請求書にマイナンバーを記入した場合は不要
☑ 注意点	死亡の原因などにより、別途必要な書類があります。

8-8

死亡一時金（国民年金の給付金）

　死亡一時金は、保険料の掛け捨てに配慮して設けられた制度で、一定の遺族に支給される一時金にもなります。

🟩 死亡一時金とは？

　死亡一時金は、死亡日の前日において第1号被保険者として保険料を納付した月数＊が36か月以上ある人が、<u>老齢基礎年金・障害基礎年金を受けないまま死亡した場合</u>に、その人によって生計を同じくしていた遺族に支給されます。いわゆる保険料掛け捨てに配慮して設けられた制度です。

🟩 死亡一時金を受け取ることができるのは誰？

　死亡した人と生計を同じくしていた以下の1〜6（優先順位順）の遺族のうち、最も優先順位の高い人が受け取ることができます。なお、年齢要件はありません。

---

1. 配偶者
2. 子
3. 父母
4. 孫
5. 祖父母
6. 兄弟姉妹

🟩 死亡一時金の額

　死亡一時金の支給額は、納付した月数に応じて以下の金額になります。また、保険料に加えて付加保険料（第5章5-3参照）を納めた月数が36か月以上ある場合は、月数に関係なく8,500円が加算されます。

＊全額免除期間は算入しません。
　免除期間は下記のとおり計算します。
　4分の1免除期間＝4分の3か月、半額免除期間＝2分の1か月、4分の3免除期間＝4分の1か月

8-8 死亡一時金（国民年金の給付金）

保険料を納めた月数	金額
36ヵ月以上180ヵ月未満	120,000円
180ヵ月以上240ヵ月未満	145,000円
240ヵ月以上300ヵ月未満	170,000円
300ヵ月以上360ヵ月未満	220,000円
360ヵ月以上420ヵ月未満	270,000円
420ヵ月以上	320,000円

●例　死亡日の前日の月数が下記の場合

・**保険料納付済期間　　30か月**
・**全額免除期間　　　　6か月**　※全額免除期間は算入されないため0か月
・**半額免除期間　　　　24か月**　※24か月 × 1/2 = 12か月とする

この場合、保険料を納めた月数は30か月＋12か月＝42か月あるので、死亡一時金は、12万円になります。

死亡一時金の支給に関する注意点
・遺族が、遺族基礎年金の支給を受けられるときは支給されません。
・寡婦年金を受けられる場合は、どちらか一方を選択します。
・死亡一時金を受ける権利の時効は、死亡日の翌日から2年です。

第8章　遺族年金の貰い方

8-8　死亡一時金（国民年金の給付金）

死亡一時金の請求手続き

☑ 届出書類	国民年金死亡一時金請求書
☑ 届出先	市区町村または年金事務所
☑ 届出期間	死亡日から2年以内
☑ 必要書類	・死亡した人の基礎年金番号通知書、または年金手帳 ・戸籍謄本 ・世帯全員の住民票の写し※ ・死亡者の住民票の除票 ・受取先金融機関の通帳 ※請求書にマイナンバーを記入した場合は不要
☑ 注意点	基礎年金番号通知書、または年金手帳が用意できない場合は、その理由書が必要です。また、年金記録が訂正されたなど限られた条件の場合には死亡から2年経過しても請求できる可能性があります。詳しくは年金事務所に確認してください。

第 **9** 章

公的年金以外の備え これからの資産形成方法

公的年金以外で老後に備えるためにはどのような方法があるのでしょうか？ 対策の方法は年齢や個々人の状況によってさまざまですが、ほとんどの人が知っておくとよい「私的年金」の制度について解説します。

9-1

公的年金の制度改革で何が変わる？

2024年7月に公表された財政検証の結果を基に、厚生労働省では公的年金の制度改正に向けた議論を本格化させていきます。ここでは、具体的にどのような制度改正の検討が行われるのかを見ていきます。

改正の検討案① 厚生年金の対象拡大

2024年の財政検証の結果を受けて改正を検討しているうちの1つが、**厚生年金の対象拡大**です。次のⅰ、ⅱの案を実行した場合、約90万人の人が新たに厚生年金に加入することになります。この結果、老齢厚生年金を受け取る人が増え、結果的に所得代替率が上昇することになります（巻頭カラーページ「財政検証がわかる！ 2024年のオプション試算とは？」参照）。

ⅰ 短時間労働者の社会保険の適用拡大

現行の制度では、1週間の所定労働時間および1か月の所定労働日数が、同じ事業所で同様の業務に従事している正社員の**4分の3以上**である、または、所定労働時間・所定労働日数が正社員の4分の3未満であっても、以下の4つの要件をすべて満たす場合は、厚生年金に加入することになっています。

●現在の厚生年金の加入要件

① 1週間の所定労働時間が**20時間以上**

② 1か月の報酬が**8.8万円**以上（年収約**106万円**以上）

③ 学生ではない

④ 厚生年金に加入している従業員数が**50人超**（令和6年10月以降）規模である事業所（特定適用事業所といいます）に使用されている

9-1　公的年金の制度改革で何が変わる？

このうち、④の「従業員数50人」の企業規模要件の廃止が検討されています。

厚生年金の保険料は労働者と使用者で折半しているため、廃止が決定された場合、零細小規模企業にとっては大きな負担となります。何らかの支援対策も必要でしょう。

ⅱ 任意加入の事業所の見直し

現在の制度では、次の①または②のいずれかの事業所は厚生年金に加入しなくても構わないことになっています。加入する場合は任意加入の手続きを行います。

●現在、厚生年金に加入しなくてもよい（任意加入）とされている事業所

① 常時5人未満の従業員を使用する**個人の事業所**（適用業種・非適用業種*を問わない）

② 常時5人以上の従業員を使用して**非適用業種**を行う**個人の事業所**

法人の場合は、強制適用事業所となるため、任意適用事業所は個人の事業所に限られます。

このうち、②の「常時5人以上の従業員を使用して非適用業種を行う個人の事業所」を強制適用事業所にすることが検討されています。この改正により、加入必須の事業所数が増えることになります。

---

*　**適用業種**　　非適用業種以外の業種。業種の多くは適用業種となります。
　　非適用業種　農林業、水産業、畜産業、旅館、料理飲食店、理容美容業、神社、教会等。

■改正の検討案② 国民年金と厚生年金でマクロ経済スライド終了年度を一致させる

　マクロ経済スライドとは、年金の支出（給付）と保険料収入（負担）の均等を図るための措置として、**一定期間、年金の給付額を抑える**という仕組みです（第1章1-4参照）。

　給付の抑制は、実際には国民年金の老齢基礎年金と厚生年金の老齢厚生年金で別々に行われています。厚生年金では積立金が潤沢なため、2026年度にマクロ経済スライドは終了しますが、国民年金は2057年度まで続く試算です。マクロ経済スライドによる老齢基礎年金の抑制は、すべての人が受給する老齢基礎年金の給付水準を下げることになり、特に、老齢基礎年金のみを受給している低所得者の人の生活は苦しくなります。

　そこで、厚生年金の積立金を活用しつつ、基礎年金の財源を強化することで、マクロ経済スライドの終了年度を国民年金と厚生年金で同じにすることが検討されます。基礎年金を強化するために、どのように財源を確保するかがポイントになってくるでしょう。

■改正の検討案③ 在職老齢年金の見直し

　在職老齢年金とは、年金月額と総報酬月額相当額の合計が支給停止基準額を超えた場合に、老齢厚生年金の全部または一部を支給停止にする制度です（第5章5-5参照）。この制度があることにより、「働きすぎると年金がカットされる」と受け取られ、働き方をセーブしたり、働くこと自体を辞めてしまうとの指摘があります。

　人材不足が続く中、シニア世代の人も重要な労働力です。そこで、在職老齢年金制度を撤廃することが検討されます。

◼ 改正の検討案④ 高所得者の厚生年金保険料の引上げ

　厚生年金は、給与が高い人ほど保険料が高くなる仕組みですが、実は保険料に上限を設けています。保険料は標準報酬月額、標準賞与額に保険料率を掛けて計算されます*が、この標準報酬月額に上限があるのです。

　標準報酬月額が高くなると年金額も高くなるため、それを抑えるべく上限を設定しているのです。しかし、これにより保険料も抑えられ、実際の給与に見合うだけの保険料を徴収できていないのです。そのため、次のような改正が検討されています。

現在の標準報酬月額の上限➡65万円
検討されている標準報酬月額の上限➡下記3パターン
① 75万円（上限該当者4％相当）
② 83万円（上限該当者3％相当）
③ 98万円（上限該当者2％相当）

　上限該当者や企業の保険料負担は増加しますが、上限該当者の老齢厚生年金の額が増加することに加え、将来の受給世代の給付水準も上昇することになります。

＊厚生年金の保険料について、詳しくは第2章2-6を参照してください。

9-2

公的年金だけで生活するのは困難？

少子高齢化が進行するなか、公的年金の給付水準は減少することが見込まれます。

◾ 年金だけで生活できる？

財政検証のオプション資産をもとに、年金制度の改革が検討されますが、年金制度を維持できるとしても、所得代替率の低下は避けられません。

果たして、年金だけで生活することは可能なのでしょうか。

◾ 老後に求められる生活費の水準は？

ここまでの章で見てきたように、さまざまな制度を活用する方法はありますが、実際には公的年金だけでは厳しいと感じる人が多いかと思います。では、どうしたらよいのでしょうか？

老後にどれくらいの費用が必要なのかは、個人の生活スタイルなどにより異なりますが、ここでは仮に平均値を元に考えてみましょう。統計局の家計調査によれば、老後の生活における実支出の平均は月271,889円となります。年金受給世帯にあたる、高齢夫婦無職世帯（夫65歳以上、妻60歳以上の夫婦のみの無職世帯）の場合を例に挙げると、次のように出ています。

9-2　公的年金だけで生活するのは困難？

● 高齢夫婦の生活にかかる費用例

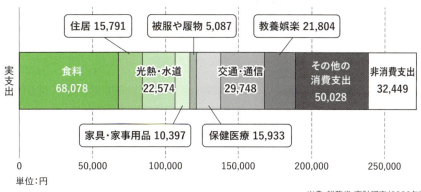

出典：総務省 家計調査（2022年）

　上記の例ですと、実支出の総額は271,889円となります。各費用についてはこれよりも高い・低いとさまざまな人がいるとは思いますが、仮にこれらの支出を公的年金のみで賄って生活する場合、総額は毎月赤字になる試算です。

公的年金だけで生活するのは難しい

　先の費用例を見てもわかるように、ある程度ゆとりある生活を送るためには、公的年金だけでは不十分だと感じた人もいるのではないでしょうか。実際には、公的年金を中心に、就労による収入や、企業年金・個人年金、貯蓄などで賄っていくことになるでしょう。そのため、将来に備え、各個人のニーズに応じて、着実に資産形成を行っていくことが重要です。

　財政検証により年金制度の改正が検討されていますが、現状はあくまで検討段階で、すぐに制度が変わるわけではありません。また、改正の結果、年金制度が維持されたとしても、公的年金のみで老後の生活を賄えるほどの改善は現状では難しいかと思われます。

　政府は、「公的年金で老後の生活を支える」から「公的年金と私的年金を組み合わせて老後の多様な生活に対応する」という政策に方向転換しています。私的年金については、次の節で解説していきます。

9-3

安心して老後を迎えるために
─私的年金の勧め─

　年金制度には、これまで説明した公的年金に上乗せして任意で加入する「私的年金」と呼ばれる年金制度があります。私的年金について確認していきましょう。

🟩 私的年金とは？

　私的年金とは、公的年金に上乗せして企業や個人が任意で加入する年金制度です。2階建ての公的年金のさらに上に、3階部分として乗せられる年金制度と考えるとわかりやすいでしょう。

　その中で政府が力を入れているのが、**確定拠出年金**と**確定給付企業年金**です。この2つの年金は、「確定拠出年金法」および「確定給付企業年金法」という法律のもと、厚生労働省が推進している個人年金・企業年金制度で、法改正により加入要件を緩和したり、手厚い優遇制度のもと加入者を増やしたりしています。

●公的年金と私的年金

私的年金	老後生活の多様な希望やニーズに応える役割	3階	個人年金	iDeCo（個人型DC） 国民年金基金
			企業年金	確定拠出年金（企業型DC） 確定給付企業年金（DB） 厚生年金基金
公的年金	老後生活の基本支える役割	2階	厚生年金	会社員等を対象とした報酬比例の年金
		1階	国民年金	全国民共通の基礎年金

9-3 安心して老後を迎えるために ―私的年金の勧め―

●確定拠出年金(DC:Defined Contributionの略)

あらかじめ事業主や加入者が拠出する掛金の上限額が決まっている制度で、資産は加入者個人が運用します。企業型と個人型があり、個人型の確定拠出年金のことをiDeCo(イデコ)といいます。

●確定給付企業年金(DB:Defined Benefitの略)

あらかじめ加入者が将来受け取る年金給付の算定方法が決まっている制度で、資産は企業や基金などの制度実施主体が運用します。

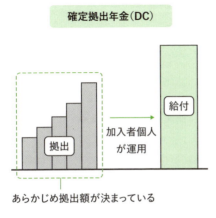
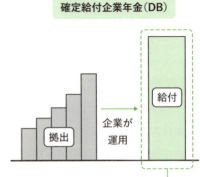

出典：厚生労働省ホームページ

9-4

企業年金・個人年金制度の仕組み

　私的年金制度には、大きく分けて企業が加入する企業年金と、個人で加入する個人年金の2種類があります。

■企業年金と個人年金の違い

　第9章9-3で解説した私的年金(いわゆる3階部分の年金)には、企業が従業員のために加入する**企業年金**と、個人で加入することができる**個人年金**があります。資産形成の1つとして、政府が力を入れているのが、個人年金制度になります。

■政府が推進する個人年金とは？

　個人が任意で加入する年金の制度として、**確定拠出年金(個人型)(iDeCo)と国民年金基金**があります。

　国民年金基金は、国民年金の第1号被保険者と任意加入被保険者のみ加入できる制度で、国民年金第2号被保険者や第3号被保険者は加入できません。国民年金の第1号被保険者は、公的年金がいわゆる1階部分の老齢基礎年金しかないため、年金額が低額になります。上乗せ年金として国民年金基金に加入し、年金額を増やすのも選択肢の1つです。毎月掛け金を支払うことで、65歳から老齢基礎年金と併せて受け取ることができます。掛け金は全額社会保険料控除の対象となるため、所得税や住民税の軽減につながります。

　次のiDeCoと併用することもできるので、両制度に加入することでさらに資産を増やすことができます。

　iDeCoは、第1号被保険者、第2号被保険者および第3号被保険者であっても加入することができる制度です。加入者が個人で毎月の掛け金を拠出し、商品を選んで一定期間運用することで、掛け金に運用益をプラスし、60歳以降年金として受け取る仕組みです。厚生労働省は、確定拠出年金法を改正し、iDeCoの活用をさらに促進していく方向で国民の資産形成を支援しています。

9-4 企業年金・個人年金制度の仕組み

●企業年金・個人年金制度の仕組み

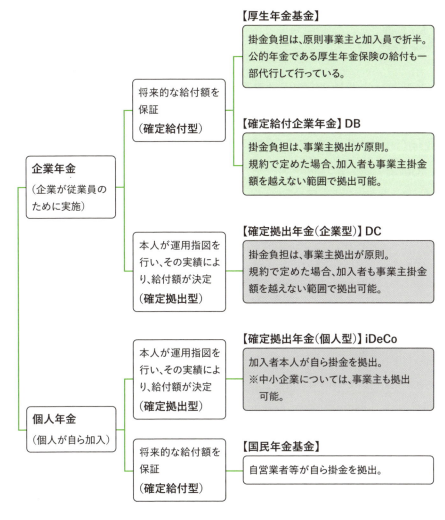

出典:「iDeCo(個人型確定拠出年金)について」厚生労働省年金局企業年金・個人年金課

 Check 付加保険料(第5章5-3)を納付している期間は国民年金基金に加入できないので注意しましょう。

9-5 iDeCo（個人型確定拠出年金）とは

近年、iDeCoやNISAで老後に備えようという流れが大きくなっています。ここではiDeCoについて改めて確認していきましょう。

◼ iDeCoは「個人で行う、節税にもなる年金制度」

iDeCo（イデコ・個人型確定拠出年金）とは、個人で加入し、一定額を毎月拠出して、投資信託や保険などの商品を選んで運用し、最終的に拠出額と運用益により受取

● iDeCoの仕組み

① 掛金を拠出　② 運用　③ 給付

- 加入者個人が掛金を拠出
- 提示された運用商品（投資信託、預金、保険等）から商品を選択して積立金を運用
- 原則60歳以降、加入者それぞれの「拠出掛金」と「運用益」との合計額をもとに「給付額」を決定、給付開始
- 年金、一時金等で受け取り

3つの税制優遇

掛金が全額所得控除
例）毎月1万円ずつ拠出した場合、所得税率20%・住民税率10%の方は、**年間36,000円の節税効果**

運用益も非課税で再投資
iDeCoの運用益は非課税
※通常の金融商品の運用益は源泉分離課税20.315%
※積立金への特別法人税（1.173%）は現在課税凍結中

受け取るときも税制優遇措置
・年金として受け取る場合は「公的年金等控除」による控除
・一時金として受け取る場合は「退職所得控除」による控除

出典：「iDeCo（個人型確定拠出年金）について」厚生労働省年金局企業年金・個人年金課の資料（令和5年11月6日時点）より

9-5 iDeCo(個人型確定拠出年金)とは

額が決まる年金制度です。老後の資産形成に向けて確実に積み立てられる(原則60歳まで引き出せません)とともに、拠出する掛金が全額所得控除されるなど、手厚い税制優遇が設けられています。

iDeCo加入までの流れ

iDeCoに加入する場合は、自身で毎月の掛け金と運用商品を選択する必要があります。そのうえで、金融機関を選び、iDeCo加入の手続きを行います。iDeCoの運用商品については、金融機関のホームページやパンフレットで確認することができます。

●iDeCoはどのように加入する？

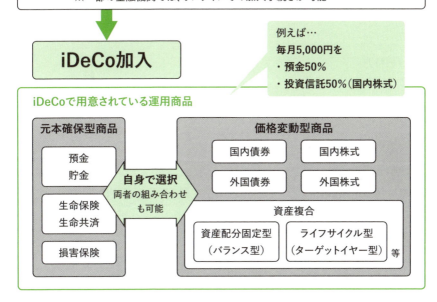

9-6

iDeCoの給付金と注意点

iDeCoは政府が推進する個人型の年金ですが、注意点もあるため、ここできちんと確認しておきましょう。

◪ iDeCoの給付について

iDeCoの年金資産は、**原則60歳まで**受け取ることができません。そのため、家計に無理のない程度の掛金で行うことが大切です。給付についての規定は次のとおりです。

●受け取りの時期

60歳〜75歳の請求時から給付が可能です。ただし、60歳時点で加入者などの期間が10年に満たない場合は、その期間に応じて支給開始年齢が段階的に先延ばしになります。

●年齢到達前の中途引き出し

原則できませんが、資産額が少額であることなどの要件を満たす場合は、脱退一時金として受け取ることが可能です。

●受け取り方

運営管理機関により、年金、一時金、年金と一時金の併用を受給権者が選択できます。年金の場合の受け取り期間などは受給権者が選択します。

●受け取り時の税制優遇

受取り時には課税されますが、手続きを行うことにより、年金として受け取る場合には**「公的年金等控除」**＊、一時金の場合には**「退職所得控除」**＊の対象となる場合があります。

＊**公的年金等控除** 公的年金と合算して65歳未満は60万円、65歳以上は110万円までが非課税になります。
＊**退職所得控除** 例えば30年間iDeCoに加入すると、会社から受け取る退職金と合算して1500万円まで非課税となります。

iDeCoの注意点とは？

　iDeCo加入の際の注意点としては次のようなものがあります。こちらも踏まえたうえで、加入の判断をすることをおすすめします。

① 60歳前の引き出しに制限がある

　iDeCoは、老後の資産形成を目的とした年金制度であるからこそ、税制優遇措置があります。このため、原則60歳まで引き出すことができません。一定の要件を満たした場合のみ、「脱退一時金」として受け取ることができます。

② 受け取る金額は、運用成績によって変動する

　運用商品には、預貯金や保険といった元本が確保される商品もありますが、投資信託など元本が確保されない可能性がある商品もあります。同じ掛け金でも、運用成績によって受け取れる年金額は違ってきます。また、金融機関ごとに商品が異なります。

③ 手数料がかかる

　加入時の手数料や毎月の口座管理費などの各種手数料があります。また、金融機関ごとに手数料が異なります。

④ 掛金の上限額が人により異なる

　国民年金の第1号被保険者、第2号被保険者、第3号被保険者のどれかにより、掛金の上限額が異なります。つまり、加入者の職業によって掛金の上限額に差があるのです。

⑤ 加入年齢に制限がある

　加入できる年齢は最大で65歳までです。また、国民年金の保険料が免除されている第1号被保険者は加入できません。

9-7

iDeCoとNISAの違い

iDeCoと比較・併用する対象としてよく挙げられるのがNISAです。iDeCoとNISAが何が違うのかを押さえておきましょう。

iDeCoとNISAは何が違う？

NISA（ニーサ）は、少額からの投資を行う方のために2014年1月にスタートした**「少額投資非課税制度」**です。イギリスの**ISA**（Individual Savings Account＝個人貯蓄口座）をモデルにした日本版ISAとして、**NISA**（ニーサ・Nippon Individual Savings Account）という愛称がつけられました。

iDeCoは年金制度であるのに対して、NISAは投資になります。したがって、NISAはいつでも払い戻しをすることが可能な点がiDeCoと大きく異なる点です。

iDeCoは年金を目的とした積立・運用となり、税の優遇範囲が広く、老後の資産形成に適しています。対してNISAはライフプランに柔軟に対応して積立・運用を活用することができます。どちらがよい、悪いではなく、目的に応じた使い分けをすることが重要です。

20〜30代 手持ちの資金や収入が少ないなら、いつでも解約できるNISAを

30〜40代  将来に備えてiDeCoに加入 教育費や住宅ローンの負担を考えて掛金を変更することも……

50代  iDeCoは運用期間が短くなるので、債券中心の運用へ 子どもが独立してNISAも利用

9-7 iDeCoとNISAの違い

●iDeCoとNISAの違い

	iDeCo(イデコ) (個人型確定拠出年金)	NISA つみたて投資枠	NISA 成長投資枠
対象者	原則20歳以上65歳未満 (公的年金被保険者)	18歳以上[2]	
拠出限度額	年間14.4～81.6万円[1]	年間120万円	年間240万円
		非課税保有限度額1800万円 (うち成長投資枠は1200万円)[3]	
投資可能商品	投資信託　保険商品　定期預金等	長期の積立・分散投資に適した一定の投資信託	上場株式・投資信託等
購入方法	定期的・継続的に積み立てる	定期的・継続的に積み立てる	自由
受け取り	原則60歳以降に受け取り	引き出し可能	
税の優遇	**運用益が非課税**		
	毎年の所得税や住民税が少なくなる **受取時に支払う税金が少なくなる**	成長投資枠とつみたて投資枠は併用可能	

※金融庁HP(NISA)、厚生労働省HP(iDeCo)を元に、筆者が作成

1) **iDeCoの拠出限度額**は加入者の状況により、下記のように異なります。

　　国民年金のみに加入の自営業者など：68,000円／月
　　会社員(企業年金無し)　　　　　　：23,000円／月
　　会社員(企業年金有り)　　　　　　：最大20,000円／月
　　※企業年金の加入状況により異なるので、詳細は勤務先にご確認ください
　　公務員　　　　　　　　　　　　　：12,000円／月
　　専業主婦(夫)等　　　　　　　　　：23,000円／月

2) **NISAの対象者**は、1月1日時点で18歳以上の場合NISA口座を開設できます。
3) **NISAの非課税保有限度枠**は、**簿価残高方式**＊で管理されるため、枠の再利用が可能です。

＊**簿価残高方式**　投資信託や株式を購入したときの買値で非課税保有限度額が管理されること。

9-8
NISAの活用について

NISAを行う場合のメリットや手続き、留意点などについて解説します。

■ NISAのメリットは？

通常、株式や投資信託などの金融商品に投資をした場合、これらを売却して得た利益や受け取った配当に対して約20％の税金がかかります。一方で、NISA口座で投資した金融商品から得られる運用益（売却益・配当／分配金）は非課税になります。これはNISAの大きなメリットといえます。

ただしNISA口座で投資できる上限金額は決まっています。非課税保有期間はつみたてNISAでは20年間、一般NISAでは5年間でしたが、2024年からの新NISAでは無期限となりました。そのため、非課税保有期間を気にすることなく、さらに長期投資を行いやすくなりました。

● NISAの概要

	つみたて投資枠	併用可	成長投資枠
非課税保有期間	無制限		無制限
制度（口座開設期間）	恒久化		恒久化
年間投資枠	120万円		240万円
非課税保有限度額（総枠）	1,800万円		
			1,200万円（内数）
投資対象商品	長期の積立・分散投資に適した一定の投資信託（金融庁の基準を満たした投資信託に限定）		上場株式・投資信託等※
対象年齢	18歳以上		18歳以上

※ETF（上場しているインデックス型の投資信託）を含みます。

出典：金融庁HP

◼ NISAの手続きと注意点

　NISAを利用するには、銀行や証券会社などにNISA口座を開設する必要があります。口座は1人につき1口座のみ開設可能です。また、金融機関の変更は、年単位で可能です。

　金融機関によって取扱い金融商品や各種手数料は異なります。自分の考えに適した金融機関であるか否かを事前に確認しましょう。

　初めてNISAを利用する場合は、つみたて投資枠から検討してみましょう。つみたて投資枠は、毎月積立金を支払い、さまざまな商品をパッケージした投資信託を長期で運用する制度です。将来の住宅購入や、教育資金、老後の資金などに備えて資産を作ることができます。

　金融庁の**「資産運用シミュレーション」**では、毎月どれだけ積立をすれば、将来どのくらいの資産が形成できるのかを、さまざまなシナリオによって計算してくれます。このようなサイトを利用するのもおすすめです。

9-9 資産形成の考え方

人生100年時代の今、自分の人生に合わせた資産形成を行うことが大切になっています。

資産形成の方法

人生の希望や計画を具体的に描くことを「ライフプランニング」といいます。

現在は、働き方、家族構成、住まいなど、それぞれの価値観によって多くの選択肢があります。自分の希望するライフプランを考えるとともに、それにどのくらいお金がかかるのか、想定外の事態にも備えて、必要な時期についても考えてみましょう。

自分の希望するライフプランを実現するためには、資産形成についても考えていくことが重要です。資産形成には「貯蓄」と「投資」の2つの方法がありますが、そのときの資産状況や今後のライフプランなどに適した形で、方法を使い分けることが大切です。

●さまざまな資産形成の方法

資産形成方法の種類		安全性	収益性	流動性
預貯金	銀行や郵便局などにお金を預けること、またはその預けたお金	◎	△	◎
株式	会社が事業資金を集めるために発行する有価証券	△	◎	○
債券	発行体がお金を借りるために発行する有価証券	○	○	△
投資信託	多くの投資家から集めたお金をさまざまな資産で運用する仕組みの商品	△〜○	○〜◎	○

安全性：元本および利子の支払いが確実かの度合い
収益性：どのくらいの収益が期待できるかの度合い
流動性：必要になったときにすぐ換金できるかの度合い

出典：金融庁HP

■ 20代〜40代は、自分の身を守るための資産形成を！

「老齢年金を受け取るのはずっと先の話。今から考えなくても……」
「将来年金を受け取れるかどうかはわからない」
など、若い人の中には「年金制度」について関心を示さない人もいます。しかし、若い人ほど将来の老後に備えて、今から資産形成を考えていく必要があります。人生100年時代、長い人生をいかに充実したものにしていくか、仕事やプライベートのライフプランに加えて経済的なライフプランもしっかりと立てていく必要があります。

そのためにはまず、公的年金制度について理解することです。公的年金にも年金額を増やす方法があります。そのうえで、公的年金にプラスしてどのような資産形成を行っていくかを考えてみましょう。

現在では、個人年金や投資などさまざまな選択肢があります。**金融庁のHP**や**厚生労働省のHP**では、企業年金、個人年金、投資などについて最新の情報を掲載していますので、上手に利用しましょう。調べるときは必ず信頼できる情報元かどうかを確認し、決して詐欺まがいの投資話には乗らないよう注意することも必要です。

■ 50〜60代もまだ間に合う！　現状を正確に把握して

50代から60代の現役世代の人たちも、年金を受け取るまでにはもう少し時間があります。この年代ではリスクの低い資産形成を心がけましょう。また、退職金や企業年金などの受給額も確認しておきます。5章で説明したような点も考えて、年金受給の計画を立てましょう。

また、第2のキャリアプランに向けての情報収集や資格取得なども並行して行っていくとよいでしょう。退職後の働き方や、暮らし方など、考えることはたくさんあります。

🟩 年金受給世代は日々の見直しを

　現役世代と同じ金銭感覚で過ごしていると、公的年金だけで生活するのは厳しいかもしれません。日々の生活を見直しながら、活き活きと人生を楽しむ時代です。資産を形成するのではなく、今までに積み立てた資産を有意義に使うことが大切です。また、定期預金などリスクの少ない金融商品で資産を運用するのもよいでしょう。

　また、働いて収入を得ることもできます。人生100年時代、元気でいる間は働いて収入を得ることもできます。高年齢者雇用安定法では、企業に対して65歳までの雇用を義務づけています。さらに70歳までの雇用は企業の努力義務としています。実際に、定年退職した労働者を70歳まで再雇用する企業や定年を70歳まで延長する企業も増えてきています。

　さらに厚生年金では、在職老齢年金の廃止が検討されており、高齢者の雇用は今後増加することが見込まれます。給与と年金の2つの収入があることは心強いことでしょう。

この数十年で、働き方や暮らし方は大きく変わりました。まだまだ長いこれからの人生の計画をしっかり立てて、後悔のないように備えていきましょう！

巻末資料

裁定請求書
ねんきん定期便
障害等級表

裁定請求書

記入例

【送付実施機関：日本年金機構】

年金請求書（国民年金・厚生年金保険老齢給付）

- この年金請求書には、日本年金機構でお預かりしている情報をあらかじめ印字しています。
  印字内容が異なっている場合は、二重線を引いて訂正してください。
  （訂正した箇所については別途手続きが必要ですので、年金事務所等にご連絡ください）
- 記入する箇所は ▢ の部分です。（（注） ▢ は金融機関で証明を受ける場合に使用する欄です。）
- 黒インクのボールペンでご記入ください。鉛筆や、摩擦に伴う温度変化等により消色するインクを用いたペンまたはボールペンは、使用しないでください。
- 代理人の方が提出する場合は、ご本人（年金を受ける方）が12ページにある委任状をご記入ください。

受付登録コード： 1 7 1 1
入力処理コード： 4 3 0 0 0 1

シール貼付不要

1. ご本人（年金を受ける方）の印字内容を確認のうえ

※ 原則として、住民票住所を記入してください。ただし、住民票住所と異なる居所を通知書等送付先とする必要がある場合には、例外的に年金請求書の住所欄に通知書等送付先を記入した上で、別途、「住民基本台帳による住所の更新停止・解除申出書」を提出してください。

㉓ 郵便番号： 168-0071
フリガナ： スギナミクタカイドニシ 3-5-24 ○○マンション XX
㉔ 住所： 杉並区高井戸西 3-5-24 ○○マンション XX 号室
フリガナ： ネンキン タロウ
㉑ 氏名： 年金 太朗郎 様

性別

※ 個人番号（マイナンバー）をご記入いただくことにより、毎年誕生月にご提出いただく「年金受給権者現況届」が原則不要となります。
※ 共済組合等の加入期間がある方は、必ず個人番号（マイナンバー）をご記入ください。

氏名欄： 年金 太郎

① 基礎年金番号： XXXX-XXXXXX
個人番号（マイナンバー）： X X X X X X X X X X X X
② 生年月日： 昭和XX年XX月XX日
電話番号： XXX-XXXX-XXXX

※個人番号（マイナンバー）については、13ページをご確認ください。共済組合等の加入期間がある場合は必ず個人番号（マイナンバー）をご記入ください。

2. 年金の受取口座をご記入ください。 貯蓄預金口座または貯蓄貯金口座への振込みはできません。

㉕ 受取機関 ※
1. 金融機関（ゆうちょ銀行を除く）
2. ゆうちょ銀行（郵便局）
☐ 公金受取口座として登録済の口座を指定

※1は2に○をつけ、希望の年金の受取口座権を必ずご記入ください。
※また、指定した口座が公金受取口座の場合は、左欄にご記入ください。
※公金受取口座については、最終ページをご確認ください。

フリガナ： ネンキン タロウ
口座名義人氏名： 年金 太郎

㉖ 年金送金先
㉗ 金融機関 / ゆうちょ銀行
㉘ 金融機関コード / 支店コード
フリガナ： スギナミ / タカイド
金融機関：銀行・信金・農協・信組・信漁連 杉並
支店：本店・支店・出張所・本所・支所 高井戸
㉙ 預金種別： 1.普通 2.当座
㉚ 口座番号（左詰めで記入）： XXXXXXX

貯金通帳の口座番号
㉚ 記号（左詰めで記入）： → □
番号（右詰めで記入）： →

金融機関またはゆうちょ銀行の証明欄 ※
1ページの氏名フリガナと、口座名義人氏名フリガナが同じであることをご確認ください。
※通帳等の写し（金融機関名、支店名、口座名義人氏名フリガナ、口座番号の面）を添付する場合または公金受取口座を指定する場合、証明は不要です。

※ 指定する口座が公金受取口座として登録済の場合は、☑してください。

1

198

記入例

3. これまでの年金の加入状況についてご確認ください。
（現在の年金加入記録を(2)に印字しています。）

(1) 次の年金制度の被保険者または組合員となったことがある場合は、枠内の該当する記号を〇で囲んでください。

- ⓐ. 国民年金法
- ⓘ. 厚生年金保険法
- ウ. 船員保険法（昭和61年4月以後を除く）
- エ. 国家公務員共済組合法
- ⓞ. 地方公務員等共済組合法
- カ. 私立学校教職員共済法
- キ. 廃止前の農林漁業団体職員共済組合法
- ク. 恩給法
- ケ. 地方公務員の退職年金に関する条例
- コ. 旧市町村職員共済組合法

(2) 下記の年金加入記録をご確認のうえ、印字内容が異なっているところは二重線を引いて訂正してください。
訂正した場合には「事業所(船舶所有者)の所在地または国民年金加入当時の住所」欄をご記入ください。

	事業所名称(支店名等)、船舶所有者名称または共済組合名称等	勤務期間(※)または国民年金の加入期間	年金制度	事業所(船舶所有者)の所在地または国民年金加入当時の住所	備考
1	厚生年金保険	(自) 昭和41. 4. 1 (至) 昭和48.10. 1	厚年		
2	国民年金	(自) 昭和50.10. 1 (至) 平成 2. 4. 1	国年		
3	△△株式会社	(自) 平成 2. 4. 1 (至) 平成 5. 4. 1	厚年		
4	○○県市町村共済組合	(自) 平成 5. 4. 1 (至) 平成15. 8. 1	共済		
5	国民年金	(自) 平成15. 8. 1 (至) ~~平成17. 4. 1~~ 平成17.3.1	国年	○○市△△町 X-X-X	#
6	○○商事（株）	(自) 平成17. 3. 1 (至) ~~平成17.8.1~~	厚年	□□市◇◇町 X-X-X	#

(※) 厚年・船保・共済の（至）年月日については、退職日等の翌日を表示しています。

お客様の受給資格期間 ※	＊＊＊

※受給資格期間とは、年金の受け取りに必要な期間のことです。
※左欄に＊＊＊が表示されている場合は、重複期間がありますので、年金事務所等でご確認ください。
※(2)年金制度に「国年」と表示されている場合、左欄の月数には、国民年金の任意加入期間のうち、保険料を納めていない月数が含まれている場合がありますので、年金事務所等でご確認ください。

> ご注意ください！
> 複数の年金手帳番号をお持ちの方は、一部の年金記録が基礎年金番号に反映されていない場合があります。

資料

記入例

(3) 3ページ(続紙を含む)に**印字されている期間以外に年金加入期間(国民年金、厚生年金保険、船員保険、共済組合)がある場合**は、その期間を下欄にご記入ください。

	事業所名称(支店名等)、船舶所有者名称または共済組合名称等 (※1)	勤務期間または国民年金の加入期間	加入年金制度 (※2)	事業所(船舶所有者)の所在地または国民年金加入当時の住所
1	○○株式会社	(自) 平成 17.8.1 (至) 平成 24.1.1	国年 ㊀厚年㊁ 船保 共済	○○市◇◇台 X-X-X
2		(自) (至)	国年 厚年 船保 共済	
3		(自) (至)	国年 厚年 船保 共済	
4		(自) (至)	国年 厚年 船保 共済	
5		(自) (至)	国年 厚年 船保 共済	
6		(自) (至)	国年 厚年 船保 共済	
7		(自) (至)	国年 厚年 船保 共済	

(4) 改姓・改名をしているときは、旧姓名および変更した年月日をご記入ください。

旧姓名	(フリガナ) コウネン (氏) 厚年	タロウ (名) 太郎	旧姓名	(フリガナ) (氏)	(名)
変更日	昭和・㊀平成㊁・令和 XX年 XX月 XX日		変更日	昭和・平成・令和 年 月 日	

※(5)、(6)については3ページ下部にあります「お客様の受給資格期間」が300月以上の方は記入不要です。

(5) **20歳から60歳までの期間で年金に加入していない期間**がある場合は、その期間を下欄にご記入ください。

	20歳~60歳の加入していない期間	年齢	(3-2)ページの該当番号	学校や勤め先等 (自営業、専業主婦等)	住所 (市区町村)	婚姻した日 配偶者の勤め先	*職員使用欄
1	(自) (至)	歳~歳					
2	(自) (至)	歳~歳					
3	(自) (至)	歳~歳					
4	(自) (至)	歳~歳					
5	(自) (至)	歳~歳					

(6) 配偶者(であった方も含みます)の氏名、生年月日、基礎年金番号をご記入ください。
　　なお、婚姻履歴が複数ある場合は、任意の用紙にご記入ください。
　　※8ページ5(1)にご記入いただく場合は記入不要です。

カナ氏名　　(　　　　　　　　　　　)
漢字氏名　　(　　　　　　　　　　　)
生年月日　　　明治　　大正　　昭和　　平成　　(　　)年(　　)月(　　)日
基礎年金番号　(　　　-　　　　　) ※基礎年金番号はわかる範囲でご記入ください。

4

200

記入例

4．現在の年金の受給状況等および雇用保険の加入状況についてご記入ください。

(1) 現在、左の5ページ（表1）のいずれかの制度の年金を受けていますか。該当する番号を○で囲んでください。

　　①．受けている（全額支給停止の場合を含む）　2．受けていない　3．請求中

①「1.受けている」を○で囲んだ方
　　添付書類については、同封の「**年金の請求手続きのご案内**」の5ページの記号Aをご覧ください。

公的年金制度名 （表1より記号を選択）	年金の種類	（自）　年　月	年金証書の年金コード(4桁) または記号番号等
イ	・老齢または退職 ・障害 ・遺族	昭和 ⦅平成⦆ 2 0 年 6 月 令和	1 3 5 0
	※ 障害をお持ちの方や厚生年金保険に長期間(44年以上)加入している方は、定額部分支給開始年齢の特例に該当する場合があります。 詳しくは「ねんきんダイヤル」（同封パンフレット参照）へお問い合わせください。		

②「3.請求中」を○で囲んだ方

公的年金制度名 （表1より記号を選択）	年金の種類
	・老齢または退職 ・障害 ・遺族

↓加入した年金制度が国民年金のみの方は、次の(2)、(3)の記入は不要です。

(2) 雇用保険に加入したことがありますか。「はい」または「いいえ」を

　　はい　・　いいえ

①「はい」を○で囲んだ方
　　雇用保険被保険者番号(10桁または11桁)を**左詰め**でご記入ください。
　　添付書類については、**年金の請求手続きのご案内の5ページの記号**
　　最後に雇用保険の被保険者でなくなった日から7年以上経過している
　　下の「事由書」の「ウ」を○で囲み、氏名をご記入ください。

※「はい」を○で囲んだ場合は直近に交付された雇用保険被保険者証等に記載された雇用保険被保険者番号をご記入ください。最後に雇用保険の被保険者でなくなった日から7年以上経過している方や、「いいえ」を○で囲んだ場合は、「事由書」の記入が必要です。

㉒ 雇用保険 被保険者番号	X	X	X	X	X	X	X	X	X	X

②「いいえ」を○で囲んだ方
　　下の「事由書」の「ア」または「イ」を○で囲み、氏名をご記入ください。

私は以下の理由により、雇用保険被保険者証等を添付できません。
　（該当する項目を○で囲んでください）
ア．**雇用保険の加入事業所に勤めていたが、雇用保険の被保険者から除外されていたため。**
　　雇用保険法による適用事業所に雇用される者であるが、雇用保険被保険者の適用除外であり、
　　雇用保険被保険者証の交付を受けたことがない。（例　事業主、事業主の妻等）
イ．**雇用保険に加入していない事業所に勤めていたため。**
　　雇用保険法による適用事業所に雇用されたことがないため、雇用保険被保険者証の交付を
　　受けたことがない。
ウ．**最後に雇用保険の被保険者でなくなった日から7年以上経過しているため。**
　　過去に雇用保険被保険者証の交付を受けたが、老齢厚生年金の年金請求書受付日において、
　　最後に雇用保険被保険者の資格を喪失してから7年以上経過している。

　　　　　　　　　　　　　　　氏名　　　　　　　　　　　　　　

(3) 60歳から65歳になるまでの間に、雇用保険の基本手当(船員保険の場合は失業保険金)または高年齢雇用継続給付を
　　受けていますか(または受けたことがありますか)。「はい」または「いいえ」を○で囲んでください。

　　はい　・　⦅いいえ⦆　　＊これから受ける予定のある方は、年金事務所等にお問い合わせください。

資料

記入例

5. 配偶者・子についてご記入ください。

配偶者は　　（はい）・　いいえ　　「はい」または「いいえ」を○で囲んでください。
いますか　　　　　　　　　　　　　「はい」の場合は(1)をご記入ください。

(1) 配偶者についてご記入ください。添付書類については、**年金の請求手続きのご案内**の3ページの番号2をご覧ください。
　①配偶者の氏名、生年月日、個人番号(または基礎年金番号)、性別についてご記入ください。

※個人番号(マイナンバー)については、13ページをご確認ください。
※基礎年金番号(10桁)で届出する場合は左詰めでご記入ください。

②配偶者の住所がご本人(年金を受ける方)の住所と異なる場合は、配偶者の住所をご記入ください。

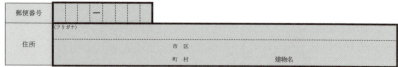

③配偶者は現在、左の7ページの表1に記載されている年金を受けていますか。該当するものを○で囲んでください。

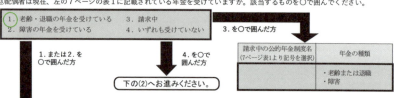

添付書類については、**年金の請求手続きのご案内**の5ページの記号Aをご覧ください。

(2) 左の7ページ「子の年齢要件aまたはb」に該当する子がいる場合には、氏名、生年月日、個人番号(マイナンバー)および障害の状態についてご記入ください(3人目以降は余白にご記入ください)。

添付書類については、**年金の請求手続きのご案内**の3ページの番号2および5ページの記号Bをご覧ください。

記入例

> ご本人(年金を受ける方)によって生計を維持されている配偶者または子がいる方は、このページにご記入ください。

６．加給年金額に関する生計維持の申し立てについてご記入ください。

8ページで記入した配偶者または子と生計を同じくしていることを申し立てる。

請求者氏名　**年金　太郎**

※ 申し立てを行った場合、同居の事実を明らかにすることができる住民票(コピー不可)が必要です。

○ 請求書8ページで配偶者および子のマイナンバーを記入した場合、住民票は不要です。

【生計維持とは】
以下の２つの要件を満たしているとき、「生計維持されている」といいます。

①生計同一関係があること
　例）・住民票上、同一世帯である。
　　　・単身赴任、就学、病気療養等で、住所が住民票上は異なっているが、生

②配偶者または子が収入要件を満たしていること
　年収850万円(所得655.5万円)を将来にわたって有しないことが認められる。

ご本人(年金を受ける方)によって、生計維持されている配偶者または子がいる場合

(１) 該当するものを〇で囲んでください(３人目以降の子については、余白を使用してご記入ください)。

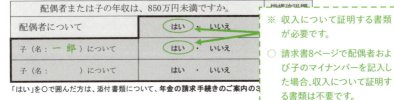

※ 収入について証明する書類が必要です。

○ 請求書8ページで配偶者および子のマイナンバーを記入した場合、収入について証明する書類は不要です。

「はい」を〇で囲んだ方は、添付書類について、**年金の請求手続きのご案内の3**

(２) (１)で配偶者または子の年収について「いいえ」と答えた方は、配偶者または子の年収がこの年金の受給権(年金を受け取る権利)が発生したときから、おおむね５年以内に850万円（所得655.5万円）未満となる見込みがありますか。該当するものを〇で囲んでください。

「はい」を〇で囲んだ方は、添付書類が必要です。**年金の請求手続きのご案内の3ページの番号4**をご覧ください。

令和　**XX**年　**XX**月　**XX**日　　　提出

資料

記入例

7．代理人に手続きを委任される場合にご記入ください。

委任状

代理人 ＊ご本人（委任する方）がご記入ください。

フリガナ	ネンキン　ハナコ		
氏 名	年金　花子	ご本人との関係	妻
住 所	〒168-0071　杉並区高井戸西　3-5-24	電話（ＸＸ）ＸＸＸＸ-ＸＸＸＸ　建物名　〇〇マンションＸＸ号室	

私は、上記の者を代理人と定め、以下の内容を委任します。

ご本人 ＊ご本人（委任する方）がご記入ください。

作成日　令和ＸＸ年ＸＸ月ＸＸ日

基礎年金番号	ＸＸＸＸ-ＸＸＸＸＸＸ		
フリガナ	ネンキン　タロウ		
氏 名	年金　太郎（旧姓　　　）	生年月日	大正／㊵昭和　ＸＸ年ＸＸ月ＸＸ日
住 所	〒168-0071　杉並区高井戸西　3-5-24	電話（ＸＸＸ）ＸＸＸＸ-ＸＸＸＸ　建物名　〇〇マンションＸＸ号室	
委任する内容	●委任する事項を次の項目から選んで○で囲んでください。5.を選んだ場合は委任する内容を具体的にご記入ください。 　①　年金および年金生活者支援給付金の請求について 　②　年金および年金生活者支援給付金の見込額について 　③　年金の加入期間について 　4．各種再交付手続きについて 　5．その他（具体的にご記入ください） 　（　　　　　　　　　　　　　　　　　　　　　　　　　　） ●「年金の加入期間」や「見込額」などの交付について 　Ⓐ　代理人に交付を希望する　　B．本人あて郵送を希望する　　C．交付を希望しない		

※前頁の注意事項をお読みいただき、記入漏れのないようにお願いします。
　なお、委任状の記入内容に不備があったり、本人確認ができない場合はご相談に応じられないことがあります。

記入例

機構独自項目

入力処理コード	年金コード	作成原因	進達番号
4 3 0 0 0 1	1 1 5 0	❻ 0 1 ❼	

1. ご本人(年金を受ける方)について、ご記入ください。

(1) 印字されている基礎年金番号と異なる記号番号の年金手帳等をお持ちの方は、ご記入ください。添付書類については、**年金の請求手続きのご案内の5**ページを...

厚生年金保険 国 民 年 金 船 員 保 険 の 手帳記号番号	ー	
	ー	

(2) 個人番号（マイナンバー）の登録の有無について
　下の表示において、「1」となっている方は、すでに日本年金機構で...

マイナンバーが登録済の方　：1 マイナンバーが未登録の方　：0または空欄	0

※「マイナンバーが登録済の方:1」の方は、ご本人の生年月日を明らかにできる書類の添付を原則省略できます。

※「マイナンバーが未登録の方:0」または「空欄」の方は、1(3)にマイナンバーを記入した場合に、ご本人の生年月日を明らかにできる書類の添付を省略できます。

○ ただし、「年金請求書」を共済組合等に提出される場合には、別途、住民票等の添付書類が必要になる場合があります。

※ (2)において「0」または空欄となっている方は、1ページに個人番号（マイナンバー）をご記入ください。
　マイナンバーをご記入いただくことにより、生年月日に関する書類（住民票等）の添付が不要になります。
　（同封の**年金の請求手続きのご案内**の2ページをご覧ください。）

(3) 次の項目に該当しますか。「はい」または「いいえ」を○で囲んでください。

1	国民年金、厚生年金保険、または共済組合等の障害給付の受給権者で国民年金の任意加入をした方は、その期間について特別一時金を受けたことがありますか。	はい　(いいえ)
2	昭和36年4月1日から昭和47年5月14日までに沖縄に住んでいたことがありますか。	はい　(いいえ)

2. 配偶者についてご記入ください。

配偶者について、基礎年金番号と異なる記号番号の年金手帳等をお持ちの場合は、その年金手帳の記号番号をすべてご記入ください。添付書類については、**年金の請求手続きのご案内の5ページの記号C**をご覧ください。

厚生年金保険 国 民 年 金 船 員 保 険 の 手帳記号番号	ー	ー
	ー	

資料

記入例

> ご本人(年金を受ける方)が配偶者によって生計を維持されている場合は、このページにご記入ください。

3．振替加算に関する生計維持の申し立てについてご記入ください。

8ページで記入した配偶者と生計を同じくしていることを申し立てる。

請求者氏名：**年金　太郎**

※ 申し立てを行った場合、同居の事実を明らかにすることができる住民票(コピー不可)が必要です。

○ 請求書14ページでマイナンバーが登録済となっている場合、住民票は不要です。

【生計維持とは】
以下の2つの要件を満たしているとき、「生計維持されている」といいます。

①生計同一関係があること
　例）・住民票上、同一世帯である。
　　　・単身赴任、就学、病気療養等で、住所が住民票上は異なっているが、生活費を共にしている。

②ご本人(年金を受ける方)が収入要件を満たしていること
　年収850万円(所得655.5万円)を将来にわたって有しないことが認められる。

ご本人(年金を受ける方)が配偶者によって生計維持されている場合

該当するものを○で囲んでください。
(1) ご本人(年金を受ける方)の年収は850万円(所得655.5万円)未満ですか。

　　(はい)・いいえ　　機構確認欄（　）印

「はい」を○で囲んだ方は、添付書類について、年金の請求手続きのご案内の3ペー

(2) (1)で「いいえ」を○で囲んだ方は、ご本人の年収がこの年金の受給権(年金を
　　おおむね5年以内に850万円(所得655.5万円)未満となる見込みがありますか。

　　はい・いいえ　　機構確認欄（　）印

「はい」を○で囲んだ方は、添付書類が必要です。年金の請求手続きのご案内の3ページの番号5をご覧ください。

※ 収入について証明する書類が必要です。

○ 請求書14ページでマイナンバーが登録済となっている場合、収入について証明する書類は不要です。

年金事務所等の確認事項
ア．健保等被扶養者(第3号被保険者)　エ．義務教育終了前
イ．加算額または加給年金額対象者　　オ．高等学校等在学中
ウ．国民年金保険料免除世帯　　　　　　カ．源泉徴収票・所得証明等

令和　ＸＸ年　ＸＸ月　ＸＸ日　　提出

記入例

4. 公的年金等の受給者の扶養親族等申告書についてご記入ください。

提出年　令和 XX 年　　提出日　令和 XX 年 XX 月 XX 日 提出　　1150

(1) ご本人（年金を受ける方）のカナ氏名、生年月日、住所、基礎年金番号を確認し、氏名をご記入ください。
ご本人自身が障害者・寡婦等に該当しない場合は、下記事項を〇で囲む必要はありません。

ねんきん定期便（50歳未満）

令和6年度「ねんきん定期便」（ハガキ）の見方（50歳未満の方）

a 照会番号／公務員共済の加入者番号／私学共済の加入者番号　※お問い合わせの際は、照会番号をお伝えください。

①保険料を納付していただいた方は、「これまでの加入実績に応じた年金額」が昨年よりも増額しています。
②今後も、保険料を納付していただくことで、更に年金額が増額します。
③年金の受給開始時期は、60歳から75歳まで選択できます。
年金受給を遅らせた場合、年金額が増額します。
（例）70歳を選択した場合、65歳と比較して42％増額
75歳を選択した場合、84％増額（最大）
（注）・65歳以降で厚生年金保険の被保険者等である場合は、在職支給停止額を差し引いた額が、繰下げによる増額の計算対象となります。
・遺族年金や障害年金を受け取ることができる場合には、老齢年金の受給開始時期を遅らせることができないことがあります。

f 最近の月別状況です
下記の月別状況や裏面の年金加入期間に「もれ」や「誤り」があると思われる方は、お近くの年金事務所にお問い合わせください。

年月（和暦）	国民年金（第1号・第3号）納付状況	加入区分	厚生年金保険 標準報酬月額（千円）	標準賞与額（千円）	保険料納付額

（**d** 加入区分　**e** 標準報酬月額）

b （これまでの加入実績に応じた年金額《昨年》）円
c （これまでの加入実績に応じた年金額《今年》）円
（参考）今後の増額イメージ
今後の加入状況に応じた年金額（65歳時点）
今後の加入状況に応じた年金額（75歳まで遅らせた場合）
最大84％増

【公的年金シミュレーター二次元コード】
この二次元コードには、「ねんきん定期便」に記載されている年金情報の一部が収録されており、厚生労働省が提供するWEBサイト（公的年金シミュレーター）で年金見込額の簡易試算ができます。
（https://nenkin-shisan.mhlw.go.jp）

g 二次元コード

h 1. これまでの保険料納付額（累計額）

(1) 国民年金保険料（第1号被保険者期間）	円
(2) 厚生年金保険料（被保険者負担額）	
一般厚生年金期間	円
公務員厚生年金期間	円
私学共済厚生年金期間	円
(1)と(2)の合計	円

k お客様へのお知らせ

i 2. これまでの年金加入期間　（老齢年金の受け取りには、原則として120月以上の受給資格期間が必要です）

国民年金 (a)			付加保険料納付済月数	船員保険 (c)	年金加入期間 合計（未納月数を除く）(a+b+c)	合算対象期間等 (d)	受給資格期間 (a+b+c+d)
第1号被保険者（未納月数を除く）	第3号被保険者	国民年金 計（未納月数を除く）					
月	月	月	月	月	月	月	月
厚生年金保険 (b)							
一般厚生年金	公務員厚生年金	私学共済厚生年金	厚生年金保険 計				
月	月	月	月				

j 3. これまでの加入実績に応じた年金額（年額）
（今後の加入状況に応じて年金額は増額します※表面の図もご覧ください）

(1) 老齢基礎年金	円
(2) 老齢厚生年金	
一般厚生年金期間	円
公務員厚生年金期間	円
私学共済厚生年金期間	円
(1)と(2)の合計	円

※一般厚生年金期間の報酬比例部分には、厚生年金基金の代行部分を含んでいます。

l ねんきんネットの「お客様のアクセスキー」
※「お客様のアクセスキー」の有効期限は、左記に記載の作成日から5カ月後の月末までです。

右のマークは目の不自由な方のための音声コードです。
「ねんきん定期便」の見方は
ねんきん定期便　見方　検索
（https://www.nenkin.go.jp/service/nenkinkiroku/torikumi/teikibin/teikibin.html）

m （二次元コード）

208

ⓐ 照会番号
- 「ねんきん定期便」「ねんきんネット」専用番号へお問い合わせいただく際に使用する番号を表示しています。
- 共済記録をお持ちの方は、加入者番号を表示します。共済記録については加入者番号により各共済組合にお問い合わせください。

ⓑ これまでの加入実績に応じた年金額（昨年）
- 昨年の「ねんきん定期便」のⓒでお知らせした年金額（年額）をⓑで表示しています。
- 昨年に「ねんきん定期便」が作成されなかった方などは、アスタリスク（＊）で表示しています。

ⓒ これまでの加入実績に応じた年金額（今年）
- 「ねんきん定期便」の作成時点の年金加入実績に応じて計算した年金額（年額）を表示しています。
- ①「3．これまでの加入実績に応じた年金額（年額）」の「（1）と（2）の合計」と同じ金額を表示しています。
  ※保険料を納付いただいていない場合、年金額は増加しません。また、過去に遡って記録を訂正した場合や、年金給付水準の変動などによりⓑ「これまでの加入実績に応じた年金額（昨年）」と比べて年金額が下がる場合もあります。
- 障害年金や遺族年金を受け取る権利を有している場合
  65歳の誕生日の前日から66歳の誕生日の前日までの間に、障害年金や遺族年金を受け取る権利があるときは、繰下げ受給の申出ができません。ただし、「障害基礎年金」または「旧国民年金法による障害年金」のみ受け取る権利のある方は、老齢厚生年金の繰下げ受給の申出ができます。また、66歳に達した日以降の繰下げ待機期間中に、障害年金や遺族年金を受け取る権利を得た場合には、その時点で増額率が固定され、老齢年金の請求の手続きを遅らせても増額率は増えません。

ⓓ 国民年金（第1号・第3号）納付状況
以下の内容が表示されます。

表示	説明
納付済	国民年金保険料を納めている月の表示です。（国民年金保険料が免除や猶予された後に追納した場合も含みます。）
未納	国民年金保険料を納めていない月の表示です。（または「ねんきん定期便」の作成時点で納付が確認できない月です。）
確認中	「ねんきん定期便」の作成時点で納付状況が未確定の月の表示です。（表示している最終年度の最終月のみ表示されます。）
3号	国民年金の第3号被保険者として登録されている月の表示です。
全額免除	国民年金保険料の納付が全額免除されている月の表示です。
半額免除	国民年金保険料の納付が半額免除されていて、免除後の残りの保険料を納めている月の表示です。
半額未納	国民年金保険料の納付が半額免除されていて、免除後の残りの保険料を納めていない月の表示です。（未納期間です。）
3/4免除	国民年金保険料の納付が4分の3免除されていて、残りの4分の1の保険料を納めている月の表示です。
3/4未納	国民年金保険料の納付が4分の3免除されていて、残りの4分の1の保険料を納めていない月の表示です。（未納期間です。）
1/4免除	国民年金保険料の納付が4分の1免除されていて、残りの4分の3の保険料を納めている月の表示です。
1/4未納	国民年金保険料の納付が4分の1免除されていて、残りの4分の3の保険料を納めていない月の表示です。（未納期間です。）
学特	学生納付特例制度の適用を受けている月の表示です。
猶予	納付猶予制度の適用を受けている月の表示です。
産前産後	国民年金保険料の納付が産前産後期間により免除されている月の表示です。
付加	付加保険料を納めている月の表示です。
合算	国民年金の任意加入期間のうち保険料を納めていない月の表示です。参考情報であり、年金を請求するときに書類による確認が必要です。
未加入	20歳以上60歳未満の期間のうち、どの年金制度にも加入していなかった月の表示です。

※納付期限内に国民年金保険料を納めた場合であっても（口座振替も同様）、情報が反映されるまでに最大3週間程度かかることがあります。

ⓔ 加入区分
- 加入区分は加入制度をカッコ書きで表示しています。
  （厚年）：厚生年金保険、（基金）：厚生年金基金、（船保）：船員保険、
  （公共）：公務員共済制度（国家公務員共済組合または地方公務員共済組合）、（私学）：私立学校教職員共済制度
  加入区分が（厚年）、（基金）または（船保）の場合
  - 育児休業期間で、事業主からの届出により保険料が免除されている月は、保険料納付額を「0」と表示しています。
  - 産前産後休業期間で、事業主からの届出により保険料が免除されている月は、保険料納付額を「0」と表示しています。
  - 3歳未満の子の養育期間で、従前標準報酬月額のみなし措置（養育特例）を受けている月は、標準報酬月額は「みなし標準報酬月額」を表示し、保険料納付額はみなし措置前の標準報酬月額（実際の標準報酬月額）を基に計算して表示しています。
  - 厚生年金基金の加入期間は、免除保険料（事業主が厚生年金基金に納める保険料）を除いています。

加入区分が（公共）の場合
- 育児休業期間および産前産後休業期間の保険料納付額は、「納付したとみなされた額」を表示しています。
- 3歳未満の子の養育期間で、従前標準報酬月額のみなし措置（養育特例）を受けている月の標準報酬月額は、「みなし標準報酬月額」を表示しています※。
  ※被用者年金制度の一元化により、地方公務員共済組合の組合員に適用される制度です。
- 国家公務員共済組合の加入期間で、養育特例を受けている月の保険料納付額は、みなし措置前の標準報酬月額（実際の標準報酬月額）を基に計算して表示しています。
- 地方公務員共済組合の加入期間で、養育特例を受けている月の保険料納付額は、みなし措置前の標準報酬月額（みなし標準報酬月額および掛金率）を基に計算して表示しています。

加入区分が（私学）の場合
- 育児休業期間で、事業主および加入者からの届出により保険料が免除されている月は、保険料納付額を「0」と表示しています。
- 産前産後休業期間で、事業主および加入者からの届出により保険料が免除されている月は、保険料納付額を「0」と表示しています。
- 3歳未満の子の養育期間で、従前標準報酬月額のみなし措置（養育特例）を受けている月は、標準報酬月額は「みなし標準報酬月額」を表示し、保険料納付額はみなし措置前の標準報酬月額（実際の標準報酬月額）を基に計算して表示しています。

f 標準報酬月額・標準賞与額・保険料納付額

標準報酬月額と標準賞与額は、各実施機関が管理している年金記録であり、お客様が厚生年金保険または船員保険に加入していた期間に、お勤め先の会社などの事業主からの届出に基づき決定されたものです。
以下、民間の会社にお勤めされている場合を例に、標準報酬月額と標準賞与額について説明します。

標準報酬月額（千円）
- 標準報酬月額とは、毎月の報酬から納める保険料の額や、受け取る年金額を決定する時に、その計算の基にするための金額です。給与などの平均を区切りのよい一定の幅で区分した金額に当てはめたものです。
- 標準報酬月額には上限と下限があり、現在の標準報酬月額の区分では、厚生年金保険の上限（最高額）は65万円、下限（最低額）は8万8千円です。上限を超えるまたは下限を下回る報酬が支払われていた場合は、上限または下限で決定しています。
- 年金額を計算する際の基になる標準報酬月額は、当時の標準報酬月額に再評価率を乗じた額となります。

＜参考①＞標準報酬月額を決定する時期
　標準報酬月額は、まず、入社した時に決定し、以降は以下に示す時期の報酬を基に、毎年改定します。

平成14年度まで	5月から7月までの報酬の平均を標準報酬月額として決定し、同年10月から適用します。
平成15年度から	4月から6月までの報酬の平均を標準報酬月額として決定し、同年9月から適用します。

　このほか、標準報酬月額は、実際の報酬に大幅な変動があった場合にも改定されます。

＜参考②＞標準報酬月額の決定の基となる報酬
　標準報酬月額の決定の基となる報酬とは、給与、賃金、各種手当などの名称を問わず、被保険者が労務の対価として事業主から支払われるすべてのものをいい、所得税や住民税などを控除する前のものとなります。
　報酬には、金銭に限らず、食事や住宅、通勤定期券などの現物として支払われるものも当時の時価に換算して含めますが、交際費や慶弔費、出張旅費などの臨時に支払われるものは含めません。

標準賞与額（千円）
- 標準賞与額とは、賞与から納める保険料の額や受け取る年金額を決定する時に、その計算の基とするための金額であり、実際に支払われた賞与の額の千円未満の端数を切り捨てた額となります。
- 標準賞与額の上限（最高額）は1回150万円となっており、実際の賞与の額が上限を超えて支払われていたとしても、標準賞与額は150万円で決定しています。
- 総報酬制の導入により、平成15年4月以降の賞与は年金額の計算の基礎となり、標準賞与額は、その記録を表示しています。

保険料納付額
　厚生年金保険料は、各被保険者の標準報酬月額・標準賞与額に保険料率を乗じて計算し、事業主と被保険者で折半して納めます。
　被保険者負担額は、一般的には事業主が報酬または賞与から控除し、事業主がまとめて納めます。
　※折半する際の1円未満の端数の取扱いは、お勤め先の会社などによって異なるため、この「ねんきん定期便」では、50銭以下の端数は切り捨て、50銭を超える端数は切り上げています。

g 【公的年金シミュレーター二次元コード】

この二次元コードには、「ねんきん定期便」に記載されている年金情報の一部が収録されており、厚生労働省が提供するWEBサイト（公的年金シミュレーター）で年金見込額の簡易試算ができます。（https://nenkin-shisan.mhlw.go.jp）

(h) 1．これまでの保険料納付額（累計額）

国民年金保険料（第1号被保険者期間）
以下の条件で、加入当時の保険料額を基に計算しています。
・付加保険料納付済期間は、付加保険料額を含めています。
・国民年金保険料の前納期間は、割引後の保険料額を基に計算しています。
・国民年金保険料の追納期間は、加算額を含めた保険料額を基に計算しています。
・国民年金保険料の一部免除（半額免除、4分の3免除および4分の1免除）期間は、免除後の残余の保険料額を基に計算しています。

厚生年金保険料（被保険者負担額）
・以下の条件で加入当時の報酬（標準報酬月額・標準賞与額）に、加入当時の保険料率（掛金率）を乗じています。
・被保険者負担額のみです。
　※厚生年金保険料は、各被保険者の標準報酬月額・標準賞与額に保険料率を乗じて計算し、事業主と被保険者が折半して納めます。
　　被保険者負担額は、一般的には事業主が報酬または賞与から控除し、事業主がまとめて納めます。
　※折半する際の1円未満の端数の取扱いは、お勤め先の会社などによって異なるため、この「ねんきん定期便」では、50銭以下の端数
　　は切り捨て、50銭を超える端数は切り上げています。

一般厚生年金期間
・育児休業期間で、事業主からの届出による保険料が免除されている期間は、保険料納付額を計算していません。
・産前産後休業期間で、事業主からの届出により保険料が免除されている期間は、保険料納付額を計算していません。
・3歳未満の子の養育期間で、事業主からの届出により従前標準報酬月額のみなし措置（養育特例）を受けている期間は、みなし措置前
　の標準報酬月額（実際の標準報酬月額）を基に計算しています。
・厚生年金基金の加入期間は、免除保険料（事業主が厚生年金基金に納める保険料）を除いています。

公務員厚生年金期間（国家公務員・地方公務員）
・国家公務員共済組合の加入期間は、標準報酬制度が導入された昭和61年4月以降の保険料納付額を計算しています。
・国家公務員共済組合の加入期間へ通算された旧三公社共済組合の加入期間は、保険料納付額を計算していません。
・地方公務員共済組合の加入期間は、地方公務員共済組合内で掛金率が統一された平成元年12月以降の保険料納付額を計算しています。
・国家公務員から地方公務員に転職されている場合または地方公務員から国家公務員へ転職されている場合は、それぞれの期間について、
　保険料納付額を計算しています。
・国家公務員共済組合の加入期間で、養育特例を受けている月の保険料納付額は、みなし措置前の標準報酬月額（実際の標準報酬月額）
　を基に計算しています。
・地方公務員共済組合の加入期間で、養育特例を受けている月の保険料納付額は、みなし措置前の標準報酬月額（みなし標準報酬月額
　および掛金率）を基に計算しています。

私学共済厚生年金期間（私立学校の教職員）
・育児休業期間で、事業主および加入者からの届出により保険料が免除されている期間は、保険料納付額を計算していません。
・産前産後休業期間で、事業主および加入者からの届出により保険料が免除されている期間は、保険料納付額を計算していません。
・3歳未満の子の養育期間で、事業主からの届出により従前標準報酬月額のみなし措置（養育特例）を受けている期間は、みなし措置前
　の標準報酬月額（実際の標準報酬月額）を基に計算しています。

(i) 2．これまでの年金加入期間

国民年金(a) 第1号被保険者
・保険料を納めている期間および保険料が免除された期間の月数を表示しています。
・保険料を前納している期間は、この「ねんきん定期便」の作成年月日以降の期間であっても、納付済月数に含めて表示しています。

国民年金(a) 第3号被保険者
・第3号被保険者の期間として登録されている月数を表示しています。

合算対象期間等
・「合算対象期間」の合計月数を表示しています。年金額には反映されませんが、受給資格期間に算入されます。
・「合算対象期間」となる期間は複数ありますが、この「ねんきん定期便」では、以下の合算対象期間の月数を表示しています。
　任意加入未納月数・・・国民年金に任意加入している期間のうち、保険料を納めていない期間の月数。
　特定期間月数・・・・国民年金の切替の届出（3号から1号）が遅れたことにより、時効によって保険料を納めることができなく
　なった期間のうち、「特定期間該当届」をご提出いただいている期間の月数。（昭和61年4月から平成25年6月までの期間に限る）

付加保険料納付月数
・「付加保険料」の納付月数を表示しています。

資料

211

ⓙ 3．これまでの加入実績に応じた年金額

老齢年金の受け取りには、原則として120月以上の受給資格期間が必要です。老齢年金を受け取るために必要な年金加入期間の有無に関わらず、現時点での加入実績に応じて算出し表示しています。

（1）老齢基礎年金

これまでの加入実績に応じた老齢基礎年金額は、下記の期間の月数を基に計算しています。
- 国民年金の第1号被保険者期間（未納月数を除く）および第3号被保険者期間
- 厚生年金保険・船員保険の被保険者期間

これまでの加入実績に応じた老齢基礎年金額には、付加年金の金額も含まれています。

（2）老齢厚生年金

被用者年金制度の一元化により、公務員および私立学校の教職員の保険料や保険給付（共済年金）の計算方法などは、原則として厚生年金保険に統一されました。年金加入記録の管理や保険料の徴収、保険給付（共済年金）の決定や支給などの事務は、引き続き各実施機関が行います。このため、一般厚生年金期間、公務員厚生年金期間および私学共済厚生年金期間ごとに計算した年金額を表示しています。

これまでの加入実績に応じた老齢厚生年金額は、下記のとおり計算しています。
※離婚などにより、厚生年金保険の標準報酬の分割対象となった方は、分割後の標準報酬を基に計算しています。

一般厚生年金期間
- 厚生年金基金に加入している期間は、通常の厚生年金保険の加入期間とみなして計算しています。
  ※厚生年金基金から支給される額（厚生年金基金の代行部分）を含めて算出しています。

公務員厚生年金期間
- 国家公務員共済組合の加入期間と地方公務員共済組合の加入期間がある方は、それぞれの加入期間を合算して計算しています。
- 平成27年9月までの加入実績に応じて計算した経過的職域加算額（共済年金）が含まれています。
  ※経過的職域加算額（共済年金）は、被用者年金制度の一元化により改正される前の国家公務員共済組合法および地方公務員等共済組合法に基づき支給されます。

私学共済厚生年金期間
- 平成27年9月までの加入実績に応じて計算した経過的職域加算額（共済年金）が含まれています。
  ※経過的職域加算額（共済年金）は、被用者年金制度の一元化により改正される前の私立学校教職員共済法に基づき支給されます。

「3．これまでの加入実績に応じた年金額」が表示されていない方へ

次の状況など、年金加入記録の不備が考えられます。
- 同月内で重複している年金加入記録がある。
- 厚生年金保険に統合されていない農林共済組合の加入記録がある。

年金加入記録を補正する必要がありますので、お近くの年金事務所にお問い合わせください。

ⓚ お客様へのお知らせ

- お客様の状況に応じた年金に関する情報を個別に表示します。

ⓛ お客様のアクセスキー

- 「ねんきんネット」のユーザIDを取得する際に使用する17桁の番号です。この番号を使用してユーザID発行申込みをしていただくと、即時にユーザIDが取得できます。

ⓜ 音声コード

- 「ねんきん定期便」には、ご自身の年金加入記録に関する情報を収録した音声コードを印刷してます。
- この音声コードの内容は、専用読み取り装置、携帯電話、スマートフォンで読み取ることによって、ご自身の年金加入記録を音声で聞くことができます。

ねんきん定期便（50歳以上）

令和6年度「ねんきん定期便」（ハガキ）の見方（50歳以上の方）

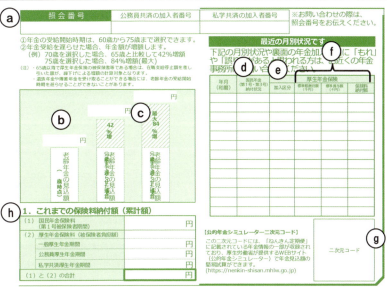

(a) 照会番号

- 「ねんきん定期便」「ねんきんネット」専用番号へお問い合わせいただく際に使用する番号を表示しています。
- 共済記録をお持ちの方は、加入者番号を表示します。共済記録については、加入者番号により各共済組合にお問い合わせください。

(b) 老齢年金の見込額

- 60歳未満の方は現在の年金加入制度に60歳まで継続して加入したと仮定して、65歳から受け取れる年金見込額を表示します。
- 60歳以上65歳未満の方は「ねんきん定期便」の作成時点の年金加入実績に応じて、65歳から受け取れる年金見込額を表示します。
- 65歳以上の方の「3. 老齢年金の種類と見込額（年額）」は、65歳時点の年金加入実績に基づき計算しています。
- 受給資格期間を満たしていない方については、アスタリスク（＊）で表示しています。

(c) 老齢年金の見込額（70歳・75歳まで遅らせた場合）

70歳まで遅らせた場合
- 受給開始年齢を65歳から70歳まで遅らせた場合の老齢年金見込額を表示しています。
- 年金額が「最大42％増」となるのは、受給開始時期を65歳から70歳まで遅らせた場合です。65歳を過ぎて受給権が発生する方は、これに該当しませんので、「70歳まで遅らせた場合」の年金見込額は表示しないこととしており、年金見込額のイメージ図には、アスタリスク（＊）を表示しています。

75歳まで遅らせた場合
- 受給開始年齢を65歳から75歳まで遅らせた場合の老齢年金見込額を表示しています。
- 年金額が「最大84％増」となるのは、受給開始時期を65歳から75歳まで遅らせた場合です。65歳を過ぎて受給権が発生する方は、これに該当しませんので、「75歳まで遅らせた場合」の年金見込額は表示しないこととしており、年金見込額のイメージ図には、アスタリスク（＊）を表示しています。

在職中の場合
- 65歳以後で厚生年金保険の被保険者等である場合は、在職支給停止額※を差し引いた額が、繰下げによる増額の計算対象となります。
  ※老齢厚生年金の額と給与・賞与の額に応じて、年金の一部又は全部が支給停止となる場合があります。この支給停止となる年金額を在職支給停止額といいます。

障害年金や遺族年金を受け取る権利を有している場合
- 65歳の誕生日の前日から66歳の誕生日の前日までの間に、障害年金や遺族年金を受け取る権利があるときは、繰下げ受給の申出ができません。ただし、「障害基礎年金」または「旧国民年金法による障害年金」のみ受け取る権利のある方は、老齢厚生年金の繰下げ受給の申出ができます。また、66歳に達した日以降の繰下げ待機期間中に、障害年金や遺族年金を受け取る権利を得た場合には、その時点で増額率が固定され、老齢年金の請求の手続きを遅らせても増額率は増えません。

(d) 国民年金（第1号・第3号）納付状況

以下の内容が表示されます。

表示	説明
納付済	国民年金保険料を納めている月の表示です。（国民年金保険料が免除や猶予された後に追納した場合も含みます。）
未納	国民年金保険料を納めていない月の表示です。（または「ねんきん定期便」の作成時点で納付が確認できない月です。）
確認中	「ねんきん定期便」の作成時点で納付状況が未確定の月の表示です。（表示している最終年度の最終月のみ表示されます。）
3号	国民年金の第3号被保険者として登録されている月の表示です。
全額免除	国民年金保険料の納付が全額免除されている月の表示です。
半額免除	国民年金保険料の納付が半額免除されていて、免除後の残りの保険料を納めている月の表示です。
半額未納	国民年金保険料の納付が半額免除されていて、免除後の残りの保険料を納めていない月の表示です。（未納期間です。）
3／4免除	国民年金保険料の納付が4分の3免除されていて、残りの4分の1の保険料を納めている月の表示です。
3／4未納	国民年金保険料の納付が4分の3免除されていて、残りの4分の1の保険料を納めていない月の表示です。（未納期間です。）
1／4免除	国民年金保険料の納付が4分の1免除されていて、残りの4分の3の保険料を納めている月の表示です。
1／4未納	国民年金保険料の納付が4分の1免除されていて、残りの4分の3の保険料を納めていない月の表示です。（未納期間です。）
学特	学生納付特例制度の適用を受けている月の表示です。
猶予	納付猶予制度の適用を受けている月の表示です。
産前産後	国民年金保険料の納付が産前産後期間により免除されている月の表示です。
付加	付加保険料を納めている月の表示です。
合算	国民年金の任意加入期間のうち保険料を納めていない月の表示です。参考情報であり、年金を請求するときに書類による確認が必要です。
未加入	20歳以上60歳未満の期間のうち、どの年金制度にも加入していなかった月の表示です。

※納付期限内に国民年金保険料を納めた場合であっても（口座振替も同様）、情報が反映されるまでに最大3週間程度かかることがあります。

(e) 加入区分

- 加入区分は加入制度をカッコ書きで表示しています。
  （厚年）：厚生年金保険、（基金）：厚生年金基金、（船保）：船員保険、
  （公共）：公務員共済制度（国家公務員共済組合または地方公務員共済組合）、（私学）：私立学校教職員共済制度

加入区分が（厚年）、（基金）または（船保）の場合
- 育児休業期間で、事業主からの届出により保険料が免除されている月は、保険料納付額を「０」と表示しています。
- 産前産後休業期間で、事業主からの届出により保険料が免除されている月は、保険料納付額を「０」と表示しています。
- 3歳未満の子の養育期間で、従前標準報酬月額のみなし措置（養育特例）を受けている月は、標準報酬月額は「みなし標準報酬月額」を表示し、保険料納付額はみなし措置前の標準報酬月額（実際の標準報酬月額）を基に計算して表示しています。
- 厚生年金基金の加入期間は、免除保険料（事業主が厚生年金基金に納める保険料）を除いたものです。

加入区分が（公共）の場合
- 育児休業期間および産前産後休業期間の保険料納付額は、「納付したとみなされた額」を表示しています。
- 3歳未満の子の養育期間で、従前標準報酬月額のみなし措置（養育特例）を受けている月の標準報酬月額は、「みなし標準報酬月額」を表示しています※。
  ※被用者年金制度の一元化により、地方公務員共済組合の組合員に適用される制度です。
- 国家公務員共済組合の加入期間で、養育特例を受けている月の保険料納付額は、みなし措置前の標準報酬月額（実際の標準報酬月額）を基に計算して表示しています。
- 地方公務員共済組合の加入期間で、養育特例を受けている月の保険料納付額は、みなし措置前の標準報酬月額（みなし標準報酬月額および掛金率）を基に計算して表示しています。

加入区分が（私学）の場合
- 育児休業期間で、事業主および加入者からの届出により保険料が免除されている月は、保険料納付額を「０」と表示しています。
- 産前産後休業期間で、事業主および加入者からの届出により保険料が免除されている月は、保険料納付額を「０」と表示しています。
- 3歳未満の子の養育期間で、従前標準報酬月額のみなし措置（養育特例）を受けている月は、標準報酬月額は「みなし標準報酬月額」を表示し、保険料納付額はみなし措置前の標準報酬月額（実際の標準報酬月額）を基に計算して表示しています。

f 標準報酬月額・標準賞与額・保険料納付額

標準報酬月額と標準賞与額は、各実施機関が管理している年金記録であり、お客様が厚生年金保険または船員保険に加入していた期間に、お勤め先の会社などの事業主からの届出に基づき決定されたものです。
以下、民間の会社にお勤めされている場合を例に、標準報酬月額と標準賞与額について説明します。

標準報酬月額（千円）
- 標準報酬月額とは、毎月の報酬から納める保険料の額や、受け取る年金額を決定する時に、その計算の基にするための金額です。給与などの平均を区切りのよい一定の幅で区分した金額に当てはめたものです。
- 標準報酬月額には上限と下限があり、現在の標準報酬月額の区分では、厚生年金保険の上限（最高額）は65万円、下限（最低額）は8万8千円です。上限を超えるまたは下限を下回る報酬が支払われていた場合は、上限または下限で決定しています。
- 年金額を計算する際の基になる標準報酬月額は、当時の標準報酬月額に再評価率を乗じた額となります。

＜参考①＞標準報酬月額を決定する時期
　標準報酬月額は、まず、入社した時に決定し、以降は以下に示す時期の報酬を基に、毎年改定します。

平成14年度まで	5月から7月までの報酬の平均を標準報酬月額として決定し、同年10月から適用します。
平成15年度から	4月から6月までの報酬の平均を標準報酬月額として決定し、同年9月から適用します。

このほか、標準報酬月額は、実際の報酬に大幅な変動があった場合にも改定されます。
＜参考②＞標準報酬月額の決定の基となる報酬
　標準報酬月額の決定の基となる報酬とは、給与、賃金、各種手当などの名称を問わず、被保険者が労務の対価として事業主から支払われるすべてのものをいい、所得税や住民税などを控除する前のものとなります。
　報酬には、金銭に限らず、食事や住宅、通勤定期券などの現物として支払われるものも当時の時価に換算して含めますが、交際費や慶弔費、出張旅費などの臨時に支払われるものは含めません。

標準賞与額（千円）
- 標準賞与額とは、賞与から納める保険料の額や受け取る年金額を決定する時に、その計算の基とするための金額であり、実際に支払われた賞与の額の千円未満の端数を切り捨てた額です。
- 標準賞与額の上限（最高額）は1回150万円となっており、実際の賞与の額が上限を超えて支払われていたとしても、標準賞与額は150万円で決定しています。
- 総報酬制の導入により、平成15年4月以降の賞与は年金額の計算の基礎となり、標準賞与額は、その記録を表示しています。

保険料納付額
- 厚生年金保険料は、各被保険者の標準報酬月額および標準賞与額に保険料率を乗じて計算し、事業主と被保険者が折半して納めます。被保険者負担額は、一般的には事業主が報酬または賞与から控除し、事業主がまとめて納めます。
  ※折半する際の1円未満の端数の取扱いは、お勤め先の会社などによって異なるため、この「ねんきん定期便」では、50銭以下の端数は切り捨て、50銭を超える端数は切り上げています。

(g)【公的年金シミュレーター二次元コード】
・この二次元コードには、「ねんきん定期便」に記載されている年金情報の一部が収録されており、厚生労働省が提供するWEBサイト（公的年金シミュレーター）で年金見込額の簡易試算ができます。（https://nenkin-shisan.mhlw.go.jp）

(h) 1．これまでの保険料納付額（累計額）

国民年金保険料（第1号被保険者期間）
以下の条件で、加入当時の保険料額を基に計算しています。
・付加保険料納付済期間は、付加保険料額を含めています。
・国民年金保険料の前納期間は、割引後の保険料額を基に計算しています。
・国民年金保険料の追納期間は、加算額を含めた保険料額を基に計算しています。
・国民年金保険料の一部免除（半額免除、4分の3免除および4分の1免除）期間は、免除後の残余の保険料額を基に計算しています。

厚生年金保険料（被保険者負担額）
・以下の条件で、加入当時の報酬（標準報酬月額・標準賞与額）に、加入当時の保険料率（掛金率）を乗じています。
・被保険者負担額のみです。
　※厚生年金保険料は、各被保険者の標準報酬月額・標準賞与額に保険料率を乗じて計算し、事業主と被保険者が折半して納めます。被保険者負担額は、一般的には事業主が報酬または賞与から控除し、事業主がまとめて納めます。
　※折半する際の1円未満の端数の取扱いは、お勤め先の会社などによって異なるため、この「ねんきん定期便」では、50銭以下の端数は切り捨て、50銭を超える端数は切り上げています。

一般厚生年金期間
・育児休業期間で、事業主からの届出により保険料が免除されている期間は、保険料納付額を計算していません。
・産前産後休業期間で、事業主からの届出により保険料が免除されている期間は、保険料納付額を計算していません。
・3歳未満の子の養育期間で、事業主からの届出により従前標準報酬月額のみなし措置（養育特例）を受けている期間は、みなし措置前の標準報酬月額（実際の標準報酬月額）を基に計算しています。
・厚生年金基金の加入期間は、免除保険料（事業主が厚生年金基金に納める保険料）を除いています。

公務員厚生年金期間（国家公務員・地方公務員）
・国家公務員共済組合の加入期間は、標準報酬制度が導入された昭和61年4月以降の保険料納付額を計算しています。
・国家公務員共済組合の加入期間へ通算されている旧三公社共済組合の加入期間は、保険料納付額を計算していません。
・地方公務員共済組合の加入期間は、地方公務員共済組合内で掛金率が統一された平成元年12月以降の保険料納付額を計算しています。
・国家公務員から地方公務員に転職されている場合または地方公務員から国家公務員へ転職されている場合は、それぞれの期間について、上記により保険料納付額を計算しています。
・国家公務員共済組合の加入期間で、養育特例を受けている月の保険料納付額は、みなし措置前の標準報酬月額（実際の標準報酬月額）を基に計算しています。
・地方公務員共済組合の加入期間で、養育特例を受けている月の保険料納付額は、みなし措置前の標準報酬月額（みなし標準報酬月額）および掛金率を基に計算しています。

私学共済厚生年金期間（私立学校の教職員）
・育児休業期間で、事業主および加入者からの届出により保険料が免除されている期間は、保険料納付額を計算していません。
・産前産後休業期間で、事業主および加入者からの届出により保険料が免除されている期間は、保険料納付額を計算していません。
・3歳未満の子の養育期間で、事業主からの届出により従前標準報酬月額のみなし措置（養育特例）を受けている期間は、みなし措置前の標準報酬月額（実際の標準報酬月額）を基に計算しています。

(i) 2．これまでの年金加入期間

国民年金(a) 第1号被保険者
・保険料を納めている期間および保険料が免除された期間の月数を表示しています。
・保険料を前納している期間は、この「ねんきん定期便」の作成年月日以降の期間であっても、納付済月数に含めて表示しています。

国民年金(a) 第3号被保険者
・第3号被保険者の期間として登録されている月数を表示しています。

合算対象期間等
・「合算対象期間」の合計月数を表示しています。年金額には反映されませんが、受給資格期間に算入されます。
・「合算対象期間」となる期間は複数ありますが、この「ねんきん定期便」では、以下の合算対象期間の月数を表示しています。
　・任意加入未納月数・・・国民年金に任意加入している期間のうち、保険料を納めていない期間の月数。
　・特定期間月数・・・・・国民年金の切替の届出（3号から1号）が遅れたことにより、時効によって保険料を納めることができなくなった期間のうち、「特定期間該当届」をご提出いただいている期間の月数。（昭和61年4月から平成25年6月までの期間に限る）

付加保険料納付月数
・「付加保険料」の納付月数を表示しています。

j 3．老齢年金の種類と見込額（年額）

・60歳未満の方は現在の年金加入制度に60歳まで継続して加入したと仮定して、65歳から受け取れる年金見込額を表示します。
・60歳以上65歳未満の方は「ねんきん定期便」の作成時点の年金加入実績に応じて、65歳から受け取れる年金見込額を表示します。
・65歳以上の方の「3．老齢年金の種類と見込額（年額）」は、65歳時点の年金加入実績に基づき計算しています。
・受給資格期間を満たしていない方については、アスタリスク（＊）で表示しています。

「3．老齢年金の種類と見込額（年額）」が表示されていない方へ
　　次のことなどが考えられます。年金事務所や街角の年金相談センターにお問い合わせください。
　　　・「ねんきん定期便」に表示している受給資格期間の月数が120月に満たない。
　　　・旧三公社（ＪＲ、ＪＴ、ＮＴＴ）共済組合または旧農林共済組合の加入期間が240月以上ある。
　　　・同月内で重複している年金加入記録がある。

k （1）基礎年金

・老齢基礎年金の見込額は、国民年金の第1号被保険者期間（未納月数を除く）、第3号被保険者期間および厚生年金保険・船員保険の被保険者期間の月数を基に、本来の受給開始年齢である65歳で計算しています。なお、老齢基礎年金の見込額には、付加年金の金額も含まれています。

l （2）厚生年金

・老齢厚生年金の本来の受給開始年齢は65歳からですが、厚生年金保険の加入期間が12月以上あり、かつ受給資格期間が120月以上ある場合は、当分の間、60歳から64歳までの特別支給の老齢厚生年金（特別支給の老齢厚生年金）を受け取ることができます。
※特別支給の老齢厚生年金の受給開始年齢は、お客様の生年月日によって異なります。
・離婚などにより、厚生年金保険の標準報酬が分割対象となった方は、分割後の標準報酬を基に計算しています。
・厚生年金基金から支給される額（厚生年金基金の代行部分）も含めたと仮定して算出しています。
・厚生年金基金から支給される額については、各厚生年金基金にお問い合わせください。

定額部分と報酬比例部分
　　・60歳から64歳までの特別支給の老齢厚生年金は「定額部分」と「報酬比例部分」からなっています。
　　・「定額部分」は65歳以降の老齢基礎年金に相当し、「報酬比例部分」は65歳以降の老齢厚生年金に相当します。

経過的職域加算額（共済年金）
　　・被用者年金制度の一元化前（平成27年9月以前）の退職共済年金（報酬比例部分）の金額は、老齢厚生年金の給付乗率と同率で計算した金額に、別に定められた給付乗率を用いて計算した金額を加算したものとなっていました。
　　この加算額を「職域加算部分」といいます。
　　・被用者年金制度の一元化により年金額の計算方法が老齢厚生年金に統一されたため、被用者年金制度の一元化後の期間（平成27年10月以降）については「職域加算部分」が廃止されました。ただし、被用者年金制度の一元化前の期間（平成27年9月以前）については、別途、「経過的職域加算額（共済年金）」として、各共済組合等から支給されます。

経過的加算部分
　　・上記のとおり、「定額部分」は65歳以降の老齢基礎年金に相当し、「報酬比例部分」は65歳以降の老齢厚生年金に相当します。
　　ただし、当分の間は、老齢基礎年金の金額より「定額部分」の金額の方が多いため、65歳以降の老齢厚生年金には「定額部分」から老齢基礎年金を引いた金額が加算されます。この加算額を「経過的加算」といいます。

m お客様へのお知らせ

・お客様の状況に応じた年金に関する情報を個別に表示します。

n お客様のアクセスキー

・「ねんきんネット」のユーザＩＤを取得する際に使用する17桁の番号です。この番号を使用してユーザＩＤ発行申込みをしていただくと、即時にユーザＩＤが取得できます。

o 音声コード

・「ねんきん定期便」には、ご自身の年金加入記録に関する情報を収録した音声コードを印刷してます。
・この音声コードの内容は、専用読み取り装置、携帯電話、スマートフォンで読み取ることによって、ご自身の年金加入記録を音声で聞くことができます。

ねんきん定期便（年金受給者）

令和6年度「ねんきん定期便」（ハガキ）の見方（年金受給者の方）

(a) | 照会番号 | 公務員共済の加入者番号 | 私学共済の加入者番号 | ※お問い合わせの際は、照会番号をお伝えください。

老齢年金を受給しながら、国民年金および厚生年金保険に加入している皆さまにも、年金加入記録に関する情報をお知らせしています。

※年金受給額に関する情報は、「年金振込通知書」「年金額改定通知書」などにより、お知らせします。

最近の月別状況です

下記の月別状況や裏面の年金加入期間に「もれ」や「誤り」があると思われる方は、お近くの年金事務所にお問い合わせください。

(b) お客様へのお知らせ

この定期便は、下記時点のデータで作成し、下記時点の前々月までの記録をお知らせしています。納付記録がデータに反映されるまで日数がかかることがあります。

国民年金および一般厚生年金期間	公務員厚生年金期間（国家公務員・地方公務員）	私学共済厚生年金期間（私立学校の教職員）

「ねんきん定期便」の見方は
ねんきん定期便 見方 [検索]
(https://www.nenkin.go.jp/service/nenkinkiroku/torikumi/teikibin/teikibin.html)

(c) 年月（和暦） | 国民年金（第1号・第3号）納付状況 | (d) 加入区分 | 厚生年金保険 (e) 標準報酬月額（千円） / 標準賞与額（千円） / 保険料納付額

(f) **1. これまでの保険料納付額（累計額）**

（1）国民年金保険料（第1号被保険者期間）	円
（2）厚生年金保険料（被保険者負担額）	
一般厚生年金期間	円
公務員厚生年金期間	円
私学共済厚生年金期間	円
（1）と（2）の合計	円

(g) **2. これまでの年金加入期間**

国民年金（a）			付加保険料納付済月数	船員保険 (c)	年金加入期間 合計（未納月数を除く）(a+b+c)	合算対象期間等 (d)	受給資格期間 (a+b+c+d)
第1号被保険者（未納月数を除く）	第3号被保険者	国民年金（未納付月数を除く）					
月	月	月	月	月	月	月	月
厚生年金保険（b）			
一般厚生年金	公務員厚生年金	私学共済厚生年金	厚生年金保険 計
月	月	月	月

(h) ねんきんネットの「お客様のアクセスキー」

※「お客様のアクセスキー」の有効期限は、表面に記載の作成日から5カ月後の月末までです。

右のマークは目の不自由な方のための音声コードです。

(i)

218

ⓐ 照会番号

- 「ねんきん定期便」「ねんきんネット」専用番号へお問いあわせいただく際に使用する番号を表示しています。
- 共済記録をお持ちの方は、加入者番号を表示します。共済記録については、加入者番号により各共済組合にお問い合わせください。

ⓑ お客様へのお知らせ

- お客様の状況に応じた必要な年金に関する情報を個別に表示します。

ⓒ 国民年金（第1号・第3号）納付状況

以下の内容が表示されます。

表示	説　明
納付済	国民年金保険料を納めている月の表示です。（国民年金保険料が免除や猶予された後に追納した場合も含みます。）
未納	国民年金保険料を納めていない月の表示です。（または「ねんきん定期便」の作成時点で納付が確認できない月です。）
確認中	「ねんきん定期便」の作成時点で納付状況が未確定の月の表示です。（表示している最終年度の最終月のみ表示されます。）
3号	国民年金の第3号被保険者として登録されている月の表示です。
全額免除	国民年金保険料の納付が全額免除されている月の表示です。
半額免除	国民年金保険料の納付が半額免除されていて、免除後の残りの保険料を納めている月の表示です。
半額未納	国民年金保険料の納付が半額免除されていて、免除後の残りの保険料を納めていない月の表示です。（未納期間です。）
3／4免除	国民年金保険料の納付が4分の3免除されていて、残りの4分の1の保険料を納めている月の表示です。
3／4未納	国民年金保険料の納付が4分の3免除されていて、残りの4分の1の保険料を納めていない月の表示です。（未納期間です。）
1／4免除	国民年金保険料の納付が4分の1免除されていて、残りの4分の3の保険料を納めている月の表示です。
1／4未納	国民年金保険料の納付が4分の1免除されていて、残りの4分の3の保険料を納めていない月の表示です。（未納期間です。）
学特	学生納付特例制度の適用を受けている月の表示です。
猶予	納付猶予制度の適用を受けている月の表示です。
産前産後	国民年金保険料の納付が産前産後期間により免除されている月の表示です。
付加	付加保険料を納めている月の表示です。
合算	国民年金の任意加入期間のうち保険料を納めていない月の表示です。参考情報であり、年金を請求するときに書類による確認が必要です。
未加入	20歳以上60歳未満の期間のうち、どの年金制度にも加入していなかった月の表示です。

ⓓ 加入区分

- 加入区分は加入制度をカッコ書きで表示しています。
    （厚年）：厚生年金保険、（基金）：厚生年金基金、（船保）：船員保険、
    （公共）：公務員共済制度（国家公務員共済組合または地方公務員共済組合）、（私学）：私立学校教職員共済制度

  加入区分が（厚年）、（基金）または（船保）の場合
- 育児休業期間で、事業主からの届出により保険料が免除されている月は、保険料納付額を「０」と表示しています。
- 産前産後休業期間で、事業主からの届出により保険料が免除されている月は、保険料納付額を「０」と表示しています。
- 3歳未満の子の養育期間で、従前標準報酬月額のみなし措置（養育特例）を受けている月は、標準報酬月額は「みなし標準報酬月額」を表示し、保険料納付額はみなし措置前の標準報酬月額（実際の標準報酬月額）を基に計算して表示しています。
- 厚生年金基金の加入期間は、免除保険料（事業主が厚生年金基金に納める保険料）を除いた保険料納付額を表示しています。

  加入区分が（公共）の場合
- 育児休業期間および産前産後休業期間の保険料納付額は、「納付したとみなされた額」を表示しています。
- 3歳未満の子の養育期間で、従前標準報酬月額のみなし措置（養育特例）を受けている月の標準報酬月額は、「みなし標準報酬月額」を表示しています。※被用者年金制度の一元化により、地方公務員共済組合の組合員にも適用される制度です。
- 国家公務員共済組合の加入期間で、養育特例を受けている月の保険料納付額は、みなし措置前の標準報酬月額（実際の標準報酬月額）を基に計算して表示しています。
- 地方公務員共済組合の加入期間で、養育特例を受けている月の保険料納付額は、みなし措置前の標準報酬月額（みなし標準報酬月額および掛金率）を基に計算して表示しています。

加入区分が（私学）の場合
- 育児休業期間中で、事業主および加入者からの届出により保険料が免除されている月は、保険料納付額を「0」と表示しています。
- 産前産後休業期間で、事業主および加入者からの届出により保険料が免除されている月は、保険料納付額を「0」と表示しています。
- 3歳未満の子の養育期間で、従前標準報酬月額のみなし措置（養育特例）を受けている月は、標準報酬月額は「みなし標準報酬月額」を表示し、保険料納付額はみなし措置前の標準報酬月額（実際の標準報酬月額）を基に計算して表示しています。

(e) 標準報酬月額・標準賞与額・保険料納付額

標準報酬月額と標準賞与額は、各実施機関が管理している年金記録であり、お客様が厚生年金保険または船員保険に加入していた期間に、お勤め先の会社などの事業主からの届出に基づき決定されたものです。
以下、民間の会社にお勤めされている場合を例に、標準報酬月額と標準賞与額について説明します。

標準報酬月額（千円）
- 標準報酬月額とは、毎月の報酬から納める保険料の額や、受け取る年金額を決定する時に、その計算の基にするための金額です。給与などの平均を区切りのよい一定の幅で区分した金額に当てはめたものです。
- 標準報酬月額には上限と下限があり、現在の標準報酬月額の区分では、厚生年金保険の上限（最高額）は65万円、下限（最低額）は8万8千円です。上限を超えるまたは下限を下回る報酬が支払われていた場合は、上限または下限で決定しています。
- 年金額を計算する際の基になる標準報酬月額は、当時の標準報酬月額に再評価率を乗じた額となります。

＜参考①＞ 標準報酬月額を決定する時期
　標準報酬月額は、まず、入社した時に決定し、以降は以下に示す時期の報酬を基に、毎年改定します。

平成14年度まで	5月から7月までの報酬の平均を標準報酬月額として決定し、同年10月から適用します。
平成15年度から	4月から6月までの報酬の平均を標準報酬月額として決定し、同年9月から適用します。

　このほか、標準報酬月額は、実際の報酬に大幅な変動があった場合にも改定されます。
＜参考②＞ 標準報酬月額の決定の基となる報酬
　標準報酬月額の決定の基となる報酬とは、給与、賃金、各種手当などの名称を問わず、被保険者が労務の対価として事業主から支払われるすべてのものをいい、所得税や住民税などを控除する前のものとなります。
　報酬には、金銭に限らず、食事や住宅、通勤定期券などの現物で支払われるものも当時の時価に換算して含めますが、交際費や慶弔費、出張旅費などの随時に支払われるものは含めません。

標準賞与額（千円）
- 標準賞与額とは、賞与から納める保険料の額や受け取る年金額を決定する時に、その計算の基とするための金額であり、実際に支払われた賞与の額の千円未満の端数を切り捨てた額となります。
- 標準賞与額の上限（最高額）は1回150万円となっており、実際の賞与の額が上限を超えて支払われていたとしても、標準賞与額は150万円で決定しています。
- 総報酬制の導入により、平成15年4月以降の賞与は年金額の計算の基礎となり、標準賞与額は、その記録を表示しています。

保険料納付額
　厚生年金保険料は、各被保険者の標準報酬月額および標準賞与額に、その当時の保険料率を乗じて計算し、事業主と被保険者で折半して納めます。被保険者負担額は、一般的には事業主が報酬または賞与から控除し、事業主がまとめて納めます。
　※折半する際の1円未満の端数の取扱いは、お勤め先の会社などによって異なるため、この「ねんきん定期便」では、50銭以下の端数は切り捨て、50銭を超える端数は切り上げています。

(f) 1．これまでの保険料納付額（累計額）欄

国民年金保険料（第1号被保険者期間）
　以下の条件で、加入当時の保険料額を基に計算しています。
- 付加保険料納付済期間は、付加保険料額を含めています。
- 国民年金保険料の前納期間は、割引後の保険料額を基に計算しています。
- 国民年金保険料の追納期間は、加算額を含めた保険料額を基に計算しています。
- 国民年金保険料の一部免除（半額免除、4分の3免除および4分の1免除）期間は、免除後の残余の保険料額を基に計算しています。

厚生年金保険料（被保険者負担額）
- 以下の条件で、加入当時の報酬（標準報酬月額・標準賞与額）に、加入当時の保険料率（掛金率）を乗じています。
- 被保険者負担額のみです。
  ※厚生年金保険料は、各被保険者の標準報酬月額・標準賞与額に保険料率を乗じて計算し、事業主と被保険者が折半して納めます。被保険者負担額は、一般的には事業主が報酬または賞与から控除し、事業主がまとめて納めます。
  ※折半する際の1円未満の端数の取扱いは、お勤め先の会社などによって異なるため、この「ねんきん定期便」では、50銭以下の端数は切り捨て、50銭を超える端数は切り上げています。

一般厚生年金期間
- 育児休業期間で、事業主からの届出により保険料が免除されている期間は、保険料納付額を計算していません。
- 産前産後休業期間で、事業主からの届出により保険料が免除されている期間は、保険料納付額を計算していません。
- 3歳未満の子の養育期間で、事業主からの届出により従前標準報酬月額のみなし措置（養育特例）を受けている期間は、みなし措置前の標準報酬月額（実際の標準報酬月額）を基に計算しています。
- 厚生年金基金の加入期間は、免除保険料（事業主が厚生年金基金に納める保険料）を除いています。

公務員厚生年金期間(国家公務員・地方公務員)
- 国家公務員共済組合の加入期間は、標準報酬制度が導入された昭和61年4月以降の保険料納付額を計算しています。
- 国家公務員共済組合の加入期間へ通算された旧三公社共済組合の加入期間は、保険料納付額を計算していません。
- 地方公務員共済組合の加入期間は、地方公務員共済組合内で掛金率が統一された平成元年12月以降の保険料納付額を計算しています。
- 国家公務員から地方公務員に転職されている場合または地方公務員から国家公務員へ転職されている場合は、それぞれの期間について、上記により保険料納付額を計算しています。
- 国家公務員共済組合の加入期間で、養育特例を受けている月の保険料納付額は、みなし措置前の標準報酬月額（実際の標準報酬月額）を基に計算しています。
- 地方公務員共済組合の加入期間で、養育特例を受けている月の保険料納付額は、みなし措置前の標準報酬月額（みなし標準報酬月額および掛金率）を基に計算しています。

私学共済厚生年金期間(私立学校の教職員)
- 育児休業期間で、事業主および加入者からの届出により保険料が免除されている期間は、保険料納付額を計算していません。
- 産前産後休業期間で、事業主および加入者からの届出により保険料が免除されている期間は、保険料納付額を計算していません。
- 3歳未満の子の養育期間で、事業主からの届出により従前標準報酬月額のみなし措置（養育特例）を受けている期間は、みなし措置前の標準報酬月額（実際の標準報酬月額）を基に計算しています。

(g) 2．これまでの年金加入期間

国民年金 (a)第1号被保険者
- 保険料を納めている期間および保険料が免除された期間の月数を表示しています。
- 保険料を前納している期間は、この「ねんきん定期便」の作成年月日以降の期間であっても、納付済月数に含めて表示しています。

国民年金(a) 第3号被保険者
- 第3号被保険者の期間として登録されている月数を表示しています。

合算対象期間等
- 「合算対象期間」の合計月数を表示しています。年金額には反映されませんが、受給資格期間に算入されます。
- 「合算対象期間」となる期間は複数ありますが、この「ねんきん定期便」では、以下の合算対象期間の月数を表示しています。
  任意加入未納月数・・・国民年金に任意加入している期間のうち、保険料を納めていない期間の月数。
  特定期間月数・・・・国民年金の切替の届出（3号から1号）が遅れたことにより、時効によって保険料を納めることができなくなった期間のうち、「特定期間該当届」をご提出いただいている期間の月数。（昭和61年4月から平成25年6月までの期間に限る）

付加保険料納付月数
- 「付加保険料」の納付月数を表示しています。

(h) お客様のアクセスキー
- 「ねんきんネット」のユーザIDを取得する際に使用する17桁の番号です。この番号を使用してユーザID発行申込みをしていただくと、即時にユーザIDが取得できます。

(i) 音声コード
- 「ねんきん定期便」には、ご自身の年金加入記録に関する情報を収録した音声コードを印刷してます。
- この音声コードの内容は、専用読み取り装置、携帯電話、スマートフォンで読み取ることによって、ご自身の年金加入記録を音声で聞くことができます。

障害等級表　出典：日本年金機構HP

障害の程度1級・2級

「国民年金法施行令別表」より抜粋。

障害の程度1級

1. 次に掲げる視覚障害[※1]
    - イ．両眼の視力がそれぞれ0.03以下のもの
    - ロ．一眼の視力が0.04、他眼の視力が手動弁以下のもの
    - ハ．ゴールドマン型視野計による測定の結果、両眼の1/4[※2]視標による周辺視野角度の和がそれぞれ80度以下かつ1/2[※2]視標による両眼中心視野角度が28度以下のもの
    - ニ．自動視野計による測定の結果、両眼開放視認点数が70点以下かつ両眼中心視野視認点数が20点以下のもの
2. 両耳の聴力レベルが100デシベル以上のもの
3. 両上肢の機能に著しい障害を有するもの
4. 両上肢の全ての指を欠くもの
5. 両上肢の全ての指の機能に著しい障害を有するもの
6. 両下肢の機能に著しい障害を有するもの
7. 両下肢を足関節以上で欠くもの
8. 体幹の機能に座っていることができない程度又は立ちあがることができない程度の障害を有するもの
9. 前各号に掲げるもののほか、身体の機能の障害又は長期にわたる安静を必要とする病状が前各号と同程度以上と認められる状態であって、日常生活の用を弁ずることを不能ならしめる程度のもの
10. 精神の障害であって、前各号と同程度以上と認められる程度のもの
11. 身体の機能の障害若しくは病状又は精神の障害が重複する場合であって、その状態が前各号と同程度以上と認められる程度のもの

（※1）視力の測定は、万国式試視力表によるものとし、屈折異常があるものについては、矯正視力によって測定する。
（※2）1/4および1/2の1はローマ数字表記。

障害の程度2級

1. 次に掲げる視覚障害[※1]
   イ．両眼の視力がそれぞれ0.07以下のもの
   ロ．一眼の視力が0.08、他眼の視力が手動弁以下のもの
   ハ．ゴールドマン型視野計による測定の結果、両眼の1/4[※2]視標による周辺視野角度の和がそれぞれ80度以下かつ1/2[※2]視標による両眼中心視野角度が56度以下のもの
   ニ．自動視野計による測定の結果、両眼開放視認点数が70点以下かつ両眼中心視野視認点数が40点以下のもの
2. 両耳の聴力レベルが90デシベル以上のもの
3. 平衡機能に著しい障害を有するもの
4. そしゃくの機能を欠くもの
5. 音声又は言語機能に著しい障害を有するもの
6. 両上肢のおや指及びひとさし指又は中指を欠くもの
7. 両上肢のおや指及びひとさし指又は中指の機能に著しい障害を有するもの
8. 一上肢の機能に著しい障害を有するもの
9. 一上肢の全ての指を欠くもの
10. 一上肢の全ての指の機能に著しい障害を有するもの
11. 両下肢の全ての指を欠くもの
12. 一下肢の機能に著しい障害を有するもの
13. 一下肢を足関節以上で欠くもの
14. 体幹の機能に歩くことができない程度の障害を有するもの
15. 前各号に掲げるもののほか、身体の機能の障害又は長期にわたる安静を必要とする病状が前各号と同程度以上と認められる状態であって、日常生活が著しい制限を受けるか、又は日常生活に著しい制限を加えることを必要とする程度のもの
16. 精神の障害であって、前各号と同程度以上と認められる程度のもの
17. 身体の機能の障害若しくは病状又は精神の障害が重複する場合であって、その状態が前各号と同程度以上と認められる程度のもの

(※1) 視力の測定は、万国式試視力表によるものとし、屈折異常があるものについては、矯正視力によって測定する。
(※2) 1/4および1/2の1はローマ数字表記。

障害の程度3級（厚生年金保険のみ）

「厚生年金保険法施行令別表第1」より抜粋。

1. 次に掲げる視覚障害(※1)
    イ．両眼の視力がそれぞれ0.1以下に減じたもの
    ロ．ゴールドマン型視野計による測定の結果、両眼の1/4(※2)視標による周辺視野角度の和がそれぞれ80度以下に減じたもの
    ハ．自動視野計による測定の結果、両眼開放視認点数が70点以下に減じたもの
2. 両耳の聴力が、40センチメートル以上では通常の話声を解することができない程度に減じたもの
3. そしゃく又は言語の機能に相当程度の障害を残すもの
4. 脊柱せきちゅうの機能に著しい障害を残すもの
5. 一上肢の3大関節のうち、2関節の用を廃したもの
6. 一下肢の3大関節のうち、2関節の用を廃したもの
7. 長管状骨に偽関節を残し、運動機能に著しい障害を残すもの
8. 一上肢のおや指及びひとさし指を失ったもの(※3)又はおや指若しくはひとさし指を併せ一上肢の3指以上を失ったもの(※3)
9. おや指及びひとさし指を併せ一上肢の4指の用を廃したもの(※4)
10. 一下肢をリスフラン関節以上で失ったもの
11. 両下肢の10趾の用を廃したもの(※5)
12. 前各号に掲げるもののほか、身体の機能に、労働が著しい制限を受けるか、又は労働に著しい制限を加えることを必要とする程度の障害を残すもの
13. 精神又は神経系統に、労働が著しい制限を受けるか、又は労働に著しい制限を加えることを必要とする程度の障害を残すもの
14. 傷病が治らないで、身体の機能又は精神若しくは神経系統に、労働が制限を受けるか、又は労働に制限を加えることを必要とする程度の障害を有するものであって、厚生労働大臣が定めるもの

(※1) 視力の測定は、万国式試視力表によるものとし、屈折異常があるものについては、矯正視力によって測定する。
(※2) 1/4および1/2の1はローマ数字表記。
(※3) 指を失ったものとは、おや指は指節間関節、その他の指は近位指節間関節以上を失ったものをいう。
(※4) 指の用を廃したものとは、指の末節の半分以上を失い、又は中手指節関節若しくは近位指節間関節（おや指にあっては指節間関節）に著しい運動障害を残すものをいう。
(※5) 趾の用を廃したものとは、第1趾は末節の半分以上、その他の趾は遠位趾節間関節以上を失った

もの又は中足趾節関節若しくは近位趾節間関節(第1趾にあっては趾節間関節)に著しい運動障害を残すものをいう。

障害手当金(厚生年金保険のみ)

「厚生年金保険法施行令別表第2」より抜粋。

1. 両眼の視力がそれぞれ0.6以下に減じたもの(※1)
2. 1眼の視力が0.1以下に減じたもの(※1)
3. 両眼のまぶたに著しい欠損を残すもの
4. 両眼による視野が2分の1以上欠損したもの、ゴールドマン型視野計による測定の結果、1/2(※2)視標による両眼中心視野角度が56度以下に減じたもの又は自動視野計による測定の結果、両眼開放視認点数が100点以下若しくは両眼中心視野視認点数が40点以下に減じたもの
5. 両眼の調節機能及び輻輳機能に著しい障害を残すもの
6. 1耳の聴力が、耳殻に接しなければ大声による話を解することができない程度に減じたもの
7. そしゃく又は言語の機能に障害を残すもの
8. 鼻を欠損し、その機能に著しい障害を残すもの
9. 脊柱の機能に障害を残すもの
10. 一上肢の3大関節のうち、1関節に著しい機能障害を残すもの
11. 一下肢の3大関節のうち、1関節に著しい機能障害を残すもの
12. 一下肢を3センチメートル以上短縮したもの
13. 長管状骨に著しい転位変形を残すもの
14. 一上肢の2指以上を失ったもの(※3)
15. 一上肢のひとさし指を失ったもの(※3)
16. 一上肢の3指以上の用を廃したもの(※4)
17. ひとさし指を併せ一上肢の2指の用を廃したもの(※4)
18. 一上肢のおや指の用を廃したもの(※4)
19. 一下肢の第1趾又は他の4趾以上を失ったもの(※5)
20. 一下肢の5趾の用を廃したもの(※6)
21. 前各号に掲げるもののほか、身体の機能に、労働が制限を受けるか、又は労働に制限を加えることを必要とする程度の障害を残すもの
22. 精神又は神経系統に、労働が制限を受けるか、又は労働に制限を加えることを

必要とする程度の障害を残すもの

- (※1) 視力の測定は、万国式試視力表によるものとし、屈折異常があるものについては、矯正視力によって測定する。
- (※2) 1/4および1/2の1はローマ数字表記。
- (※3) 指を失ったものとは、おや指は指節間関節、その他の指は近位指節間関節以上を失ったものをいう。
- (※4) 指の用を廃したものとは、指の末節の半分以上を失い、又は中手指節関節若しくは近位指節間関節(おや指にあっては指節間関節)に著しい運動障害を残すものをいう。
- (※5) 趾を失ったものとは、その全部を失ったものをいう。
- (※6) 趾の用を廃したものとは、第1趾は末節の半分以上、その他の趾は遠位趾節間関節以上を失ったもの又は中足趾節関節若しくは近位趾節間関節(第1趾にあっては趾節間関節)に著しい運動障害を残すものをいう。

索引 INDEX

あ行

按分割合	125
育児休業	74, 76
育児休業等取得者申出書	78
遺族基礎年金	156, 158, 160
遺族厚生年金	156, 163, 166
遺族年金	82, 156
一部免除	68
オプション試算	11, 12

か行

加給年金額	92
学生納付特例	70
確定給付企業年金	182
確定拠出年金	182, 184
過去30年投影ケース	5, 9
寡婦年金	156, 170
企業年金	184
既裁定者	30
基礎年金拠出金	54
基本月額	112
基本権	84
強制加入被保険者	38
強制適用事業所	46
繰上げ制度	108
繰下げ制度	98
経過的加算額	90
健康保険・厚生年金保険資格取得届	47
健康保険・厚生年金保険新規適用届	47
合意分割	122, 124, 134

厚生年金	36, 46
高成長実現ケース	5, 7
厚生年金の対象拡大	176
厚生年金の被保険者	50
公的年金	26, 36
公的年金シミュレーター	97
公的年金制度	24
公的年金等控除	188
国籍要件	56
国民皆年金制度	37
国民年金	36, 38
国民年金基金	184
国民年金死亡一時金請求書	174
国民年金の被保険者	38
国民年金被保険者関係届書	41, 45
国民年金付加保険料納付申出書	105
国民年金保険料学生納付特例申請書	71
国民年金保険料免除・納付猶予申請書	63, 67
国民年金保険料免除事由(該当・消滅)届	66
個人年金	184

さ行

在職定時改定	114
在職老齢年金	112
財政検証	2, 4, 28, 30
財政の健全性	2
裁定請求書	84, 85, 198
産休免除	73

227

産前産後休業 ……………………… 74, 75
産前産後休業取得者申出書 …………… 75
算定基礎届 ……………………………… 55
資格取得届 …………………………… 47, 51
時効 ……………………………………… 84
事後重症 ……………………………… 143
資産運用シミュレーション …………… 193
実質賃金上昇率(対物価) ………………… 7
私的年金 ……………………………… 182
支分権 …………………………………… 84
死亡一時金 ………………………… 156, 172
終身年金 ………………………………… 24
出生時育児休業 ………………………… 78
障害基礎年金 ……………………… 101, 139
障害厚生年金 …………………… 93, 138, 150
障害手当金 …………………… 138, 150, 154
障害等級 …………………………… 142, 222
障害年金 …………………………… 82, 138
情報通知書 …………………………… 126
所得代替率 ……………………………… 2
新規裁定者 ……………………………… 30
新規適用届 ……………………………… 47
成長型経済移行・継続ケース ………… 5, 8
全額免除 ………………………………… 66
総報酬月額相当額 ……………………… 112

た行

第1号被保険者 ………………………… 38
第2号被保険者 ………………………… 38
第3号被保険者 ………………………… 38
退職改定 ……………………………… 115
退職所得控除 ………………………… 188
滞納 ………………………………… 61, 62

多段階免除 ……………………………… 68
脱退一時金 ……………………………… 56
脱退一時金の請求書 …………………… 58
中高齢寡婦加算 ……………………… 168
調整期間 ………………………………… 32
調整率 …………………………………… 31
貯蓄 …………………………………… 194
賃金スライド …………………………… 30
追納制度 ………………………………… 64
積立制度 ………………………………… 27
適用事業所 ……………………………… 46
投資 …………………………………… 194
特定期間 ……………………………… 131
特定適用事業所該当届 ………………… 51
特別支給の老齢厚生年金 ……………… 88

な行

任意加入被保険者 …………………… 38, 44
任意適用事業所 ………………………… 46
任意適用申請書 ………………………… 49
年金請求書(国民年金遺族基礎年金) … 162
年金請求書(国民年金寡婦年金) ……… 171
年金請求書
(国民年金・厚生年金保険遺族給付) … 165
年金請求書(国民年金障害基礎年金) … 147
ねんきん定期便 …………………… 97, 208
年金分割のための情報提供請求書 …… 128
納付猶予 ………………………………… 72

は行

半額免除 ………………………………… 68
1人あたりゼロ成長ケース …………… 5, 10
被扶養者(異動)届 ……………………… 42

被扶養者(異動)届・第3号被保険者関係届 …………………………………………… 47	
被保険者賞与支払届 ……………… 55	
標準賞与額 ………………………… 55	
標準報酬改定請求書 ………127, 129	
標準報酬月額 ……………………… 55	
標準報酬の改定 ………………… 122	
賦課方式 …………………………… 26	
付加保険料 ……………………… 104	
物価スライド ……………………… 30	
扶養手当 ……………………… 90, 92	
振替加算 …………………………… 93	
報酬比例部分 ……………………… 90	
法定免除 …………………………… 66	
簿価残高方式 …………………… 191	
保険料 ……………………………… 54	
保険料納付済期間 ………………… 73	
保険料の免除制度 …………… 54, 60	

ま行

マクロ経済スライド ………14, 29, 31	
未納期間 …………………………… 63	
無拠出制の障害基礎年金 ……… 148	
名目賃金変動率 …………………… 54	
免除 ………………………………… 62	

ら行

ライフプランニング …………… 194	
離婚時の年金分割 ……………… 122	
労働者年金保険制度 ……………… 24	
老齢基礎年金 ………………… 85, 86	
老齢厚生年金 ………………… 85, 88	
老齢年金 ……………………… 82, 85	

数字、その他

20歳前傷病による障害基礎年金 …… 148	
2階建て …………………………… 36	
3号分割 ……………… 122, 130, 134	
4分の1免除 ………………………… 68	
4分の3免除 ………………………… 68	
iDeCo ………………… 184, 186, 188	
NISA ……………………… 190, 192	

MEMO

●著者

貫場　恵子（ぬきば　けいこ）

ぬきば労務コンサルティング株式会社代表取締役。
ぬきば社労士事務所代表。社会保険労務士。
キャリアコンサルタント。三田市商工会理事。
帝塚山大学法学部講師。
資格の学校TAC社労士講座講師。
企業の労務管理のコンサルティング、社員研修を数多く手掛ける。
著書に『2025年度版 みんなが欲しかった！ 社労士合格へのはじめの一歩』(TAC出版)、『図解入門ビジネス 最新 労働基準法がよ〜くわかる本』(秀和システム) などがある。

ぬきば社労士事務所
URL　http://www.nukiba-sr.com/

●イラスト　さとうゆり
●校正　　宮崎守正

図解入門ビジネス
最新 公的年金の基本と仕組みが
よ〜くわかる本

発行日	2024年10月5日	第1版第1刷

著　者　貫場　恵子

発行者　斉藤　和邦
発行所　株式会社 秀和システム
　　　　〒135-0016
　　　　東京都江東区東陽2-4-2 新宮ビル2F
　　　　Tel 03-6264-3105（販売） Fax 03-6264-3094
印刷　　三松堂印刷株式会社　　　　Printed in Japan
ISBN978-4-7980-7335-4 C2036

定価はカバーに表示してあります。
乱丁本・落丁本はお取りかえいたします。
本書に関するご質問については、ご質問の内容と住所、氏名、電話番号を明記のうえ、当社編集部宛FAXまたは書面にてお送りください。お電話によるご質問は受け付けておりませんのであらかじめご了承ください。